경제교실: 이야기로 배우는 경제

영재들의 1등급 경제교실: 이야기로 배우는 경제

펴 냄	2008년 6월 15일 1판 1쇄 박음 / 2008년 6월 20일 1판 1쇄 펴냄
지 은 이	김상규
일러스트	김미연
펴 낸 이	김철종
펴 낸 곳	(주)한언
	등록번호 제1−128호 / 등록일자 1983. 9. 30
주 소	서울시 마포구 신수동 63−14 구 프라자 6층(우 121−854)
	TEL. (대)701-6616 / FAX. 701-4449
책임편집	김희선 hskim@haneon.com
디 자 인	양진규 jkyang@haneon.com
홈페이지	www.haneon.com
e−mail	haneon@haneon.com

저자와의 협의하에 인지 생략

I S B N   978-89-5596-487-5   64320

영재들의 1등급

경제교실 : 이야기로 배우는 경제

김상규 지음

믿음꽌

추천사

몇 년 전부터 우후죽순 격으로 어린이용 경제도서가 쏟아져 나오고 있습니다. 최근 경제와 경제발전의 중요성이 대두되고 있기 때문에 앞으로도 더더욱 그런 경향이 일어날 것으로 예측됩니다. 하지만 어린이 경제교육을 단지 유치한 수준의 경제교육이라고 생각하는 사람들의 경험 없는 콘텐츠들은 도리어 어린이와 그 어린이를 가르치려는 사람들에게 혼선을 주고 있는 것이 현실입니다.

이럴 때 어린이의 가슴으로, 어린이들이 직접 경제를 느끼게 할 수 있는 사람의 글이 묶여져 나왔다는 사실은 어린이 경제교육을 위해서 매우 다행라고 생각합니다. 이 책의 지은이 김상규 교수는 대구교육대학에서 예비 초등 교사들에게 경제학을 가르치고, 교실 밖에서는 늘 어린이들과 함께 호흡하는 것으로 잘 알려져 있기 때문입니다.

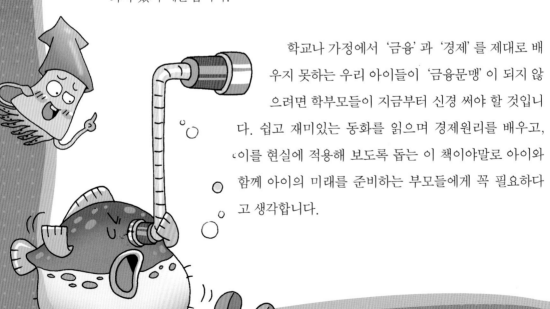

학교나 가정에서 '금융'과 '경제'를 제대로 배우지 못하는 우리 아이들이 '금융문맹'이 되지 않으려면 학부모들이 지금부터 신경 써야 할 것입니다. 쉽고 재미있는 동화를 읽으며 경제원리를 배우고, 이를 현실에 적용해 보도록 돕는 이 책이야말로 아이와 함께 아이의 미래를 준비하는 부모들에게 꼭 필요하다고 생각합니다.

이 책에서 가장 눈에 띄는 점은 재미있는 이야기를 통해 경제 원리를 하나씩 깨우쳐가는 구성입니다. 또한 중간에 나오는 놀이법은 아이들이 경제원리를 자연스럽게 익히는 데 부족함이 없지요. 참신한 내용과 더불어 아이들을 위한 지은이의 세심한 배려가 돋보이는 책이라 할 수 있겠습니다.

세상에는 두 종류의 경제 선생님이 있다고 합니다. 경제를 가르치는 선생님과 경제를 느끼게 하는 선생님이 그것이지요. 저는 김상규 교수야말로 그 두 가지를 겸비한 경제 선생님일 것이라고 생각합니다.

따라서 이 책이야말로 아이들을 위한 진정한 경제교육서가 될 것이라는 확신을 가지고, 초등학생, 초등교사, 초등학부모 모두에게 자신 있게 추천합니다.

2008년 6월

초등경제교육연구소장 _ 최선규

들어가며

　윈도 프로그램 개발한 빌 게이츠, 전설적인 투자 금융인 워렌 버핏의 공통점은 무엇일까요? 첫째는 세계적으로 손꼽히는 부자라는 것이고, 둘째는 어려서부터 남다른 경제 마인드를 가지고 있었다는 것입니다. 빌 게이츠는 사람들이 원하는 게 무엇인지 고민하고, 그것을 어떻게 팔 수 있는지 고민했습니다. 워렌 버핏은 어려서부터 주식을 구입해 경제가 어떻게 돌아가는지 익혔고요.

　그럼 어떻게 하면 이들과 같은 경제 마인드를 키울 수 있을까요? 정답은 바로 경제공부와 관찰력에 있답니다. 왜냐하면 경제는 현실과 밀접한 관련이 있기 때문이지요. 따라서 주변에서 일어나는 일들을 주의 깊게 관찰하면서 그 안에 숨어 있는 경제원리를 찾다보면 부쩍 경제 마인드가 커지는 것을 느낄 수 있을 거예요.

　그렇다면 경제공부는 워렌 버핏이나 빌 게이츠 같은 부자가 되는 데만 도움이 되는 걸까요? 아니에요. 경제는 우리가 슬기롭게 살아가는 방법을 가르쳐 주

기도 합니다. 예를 들어 '저축을 할 때는 어떤 은행에 얼마동안 해야 할까?, 실업자가 많으면 왜 문제가 될까?'와 같이 생활에서 궁금했던 점들을 해결할 수 있을 뿐 아니라 올바른 결정을 하는 데 도움이 되지요.

　하지만 막상 경제공부를 하려면 다소 어렵고, 지루하다고 느낄 수 있어요. 그래서 선생님은 어떻게 하면 여러분들에게 경제원리를 보다 쉽고 재미있게 알려 줄 수 있을지 고민하면서 이 책을 쓰게 되었답니다. 재미있는 동화를 읽으면서 경제를 익히고, 이를 현실에 적용하다 보면 여러분의 경제 마인드가 부쩍 자라는 것을 느낄 수 있을 거예요.
　이 책을 통해 여러분이 생각과 행동이 일치하는 합리적 경제인, 경제전문가로 자라게 되리라 자신합니다.

2008년 6월 김상규

이 책의 구성

1 현실 속 경제 이야기

현실과 동떨어진 경제공부는 이제 그만! 각 장에서 소개할 경제 원리를 어린이들이 평상시 궁금해 할만한 현실 속에서 찾아봅니다.

2 재미있는 15가지 경제 동화

지루한 경제공부는 저리 가라! 경제교육 전문가 김상규 선생님의 15가지 동화를 읽으면서 동화 속에 나타난 경제를 생각해 봐요.

3 쉽게 읽는 경제학

재미만 있고, 내용은 없는 책은 NO! 각 장에서 소개하는 경제의 기본 원리와 용어들도 잊지 않고 체크해야지요.

4 생각이 쑥쑥 경제 놀이터

경제도 몸으로 익혀야 기억에 오래 남는다! 장이 끝날 때마다 부모님이나 선생님과 함께 놀이를 통해 경제 원리를 체험해 봅니다. 창의력이 쑥쑥 커지는 걸 느낄 수 있어요.

"여러분! 이제 공부할 준비됐나요?

이 책을 공부하고 나면 경제가 매우 재미있어질 거예요.

그럼 '나는 경제가 재미있어'라고

크게 한번 적고 시작할까요?"

차례
CONTENTS

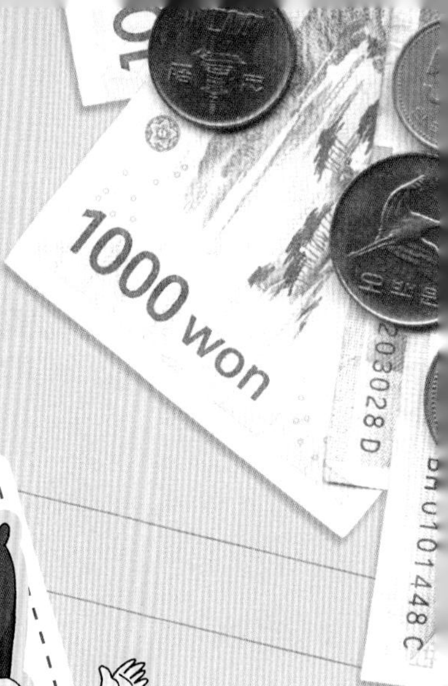
1000 won

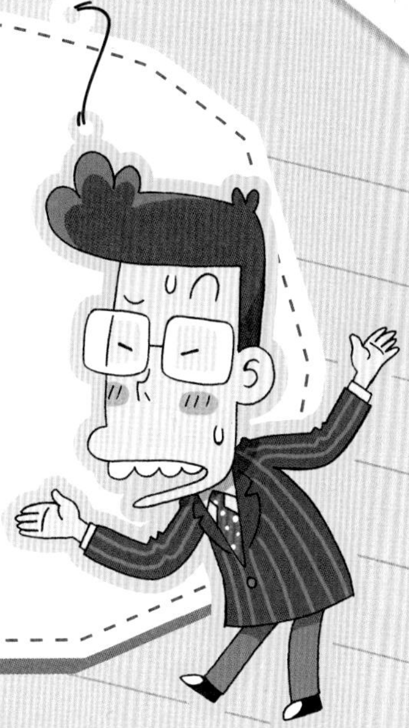

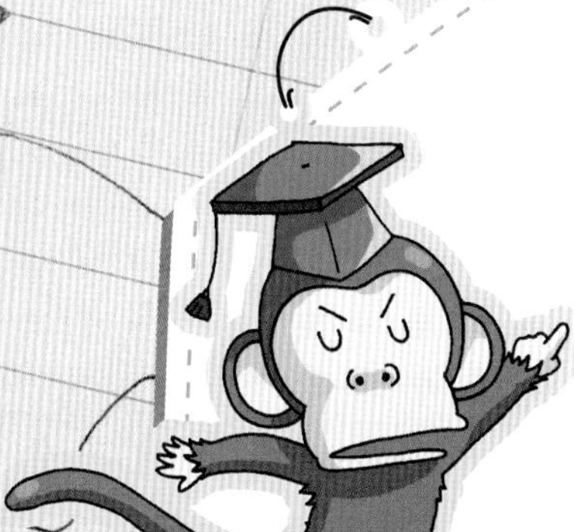

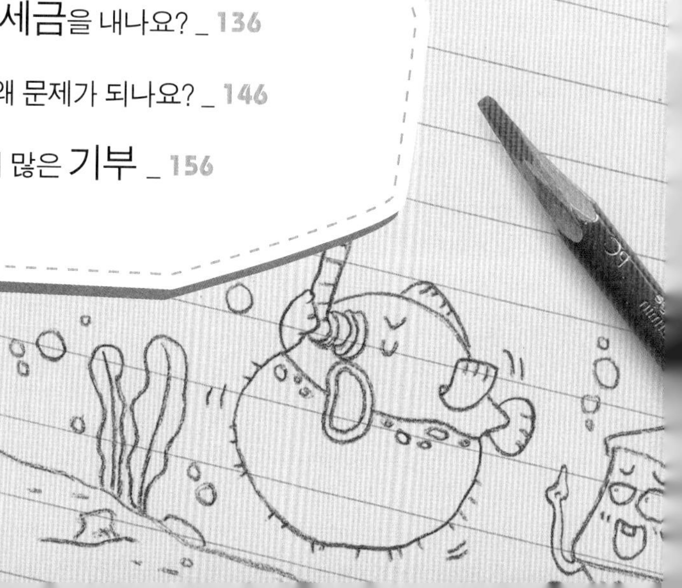

끝없는 욕망 VS 제한된 자원

 다이아몬드는 왜 금보다 비쌀까요?

　여러분은 귀금속 전문 가게에도 가본 적이 있나요? 금반지, 금목걸이, 다이아몬드 반지가 있었다고요? 그러면 금반지, 은반지, 다이아몬드 반지 중 어느 것이 가장 비쌀까요? 바로 다이아몬드가 제일 비싸답니다. 왜 그럴까요? 다이아몬드는 남아프리카 등 몇 개 지역에서만 생산되기 때문에 그 양이 매우 적은데 반해 원하는 사람은 아주 많기 때문이지요.

　그렇다면 다이아몬드라면 모두 다 같은 값일까요? 핑크빛 다이아몬드의 경우 호주에서만 채굴되기 때문에 그 가치가 다른 다이아몬드에 비해 높지요. 게다가 앞으로 100년간 채굴될 양이 이미 아랍권 나라의 부호들에게 전부 예약이 되어 있다고 하네요.

 별똥별을 맞은 자동차

열심히 돈을 모아 십 년만에 차를 산 아빠는 아들과 강원도에 있는 천문대에 놀러갔습니다.

 아들아, 밖에 나오니까 어때? 서울과 달리 밤하늘에 별이 반짝반짝거리는 게 예쁘지 않니?

 네! 진짜 진짜 좋아요. 서울이나 여기나 같은 하늘인데, 왜 서울에서는 별을 볼 수 없었는지 모르겠어요. 서울이 많이 오염돼서 그런 건가요?

 뭐, 그렇기도 하지. 또 한 가지 서울에는 인공 불빛들이 많아서 별빛이 잘 안 보이는 거란다 하지만 여기는 온통 까맣잖니. 그래서 별이 잘 보이는 거야.

 아, 그렇구나. 엇! 아빠 저기 별이 떨어지고 있어요.

 오, 정말 그렇구나. 별이 떨어질 때 소원을 빌면 이루어진다는데, 얼른 빌어 보렴.

그럼 단비랑 결혼하게 해주세요!

 하하하. 벌써 며느리를 보겠구나.

 네! 그런데 아빠, 별은 왜 떨어지나요?

 음. 저렇게 별이 떨어지는 것을 우리말로 별똥별, 한자로 유성 (流星, meteor)이라고 한단다. 이것은 우주에 가득 차 있는 작은 덩어리의 물질이 지구를 둘러싸고 있는 대기에 갑자기 뛰어든 것이란다. 대부분은 상층의 대기 속에서 타버리지만 때때로 큰 것은 땅에 떨어져 운석(隕石, meteorite)이 되기도 하지.

 아하! 역시 우리 아빠는 모르는 게 없어.

순간 별똥별이 아빠의 차에 '쿵' 하고 떨어진다.

 맙소사! 어떻게 이런 일이. 아, 10년 동안 벌은 돈으로 산 새 차 가 망가지다니, 이제 어떡하나. 별똥별이 지구에 떨어질 가능성 은 거의 없는데, 그런 일이 내게 일어나다니!

 아빠, 괜찮으세요? 어떻게 이런 일이 일어날 수 있죠? 그렇게 드 문 일이 우리에게 일어나다니….

아, 아빠! 이러면 어떨까요? 아빠 말대로 이게 굉장히 드문 일이 라면 이걸 신문이나 텔레비전에 광고하는 거예요!

'이 세상에 하나밖에 없는 별똥별에 맞은 자동차!!! 행운을 안겨

줄 이 자동차를 사실 분을 찾습니다'라고요. 어때요?

 그래! 맞아. 수량이 적고 희귀한 것들은 대개 가격이 비싸게 마련이야. 물건을 사고자 하는 사람들에 비해 물건의 수가 한정돼 있기 때문이지. 사람들이 몰려오면 나는 제일 높은 가격을 지불하는 사람에게 자동차를 파는 거지. 역시 우리 아들은 날 닮아 똑똑하구나!

 그게 바로 경제의 기본 원리죠. 에헴.

풍덩! 이야기 속으로

과연 아빠는 비싼 가격으로 자동차를 팔 수 있을까요? 만약 별똥별을 맞은 자동차는 딱 한 대인데, 자동차를 사고 싶어하는 사람은 많다면 가격이 하늘 높이 솟을 거예요. 하지만 별똥별을 맞은 자동차가 무수히 많거나 갖고 싶어하는 사람이 아무도 없다면 어떻게 될까요?

사람들의 욕심은 끝이 없지만 그 욕심을 채워줄 수 있는 지구상의 자원은 제한되어 있습니다. 따라서 사람들은 끝없는 욕망과 제한된 자원 때문에 갈등을 하게 되는데, 이러한 문제를 희소성(scarcity)이라고 합니다. 결국 경제란 희소성에서 출발한다고 볼 수 있습니다. 사람들은 원하는 것을 얻기 위해 일하고, 원하는 것을 얻기 위해 경쟁을 하는 것이니까요.

● 여기서 잠깐!

희소성이란 '드물다'라는 한자 '稀(희)'와 '적다'라는 한자 '少(소)'가 합쳐져 만들어진 한자어입니다. 즉 드물고 귀한 정도를 나타내는 말이지요. 따라서 희소성이 높다(크다)는 말은 구하기 힘들고 귀하다는 뜻이며, 희소성이 낮다(적다)는 말은 우리 주변에서 구하기 쉽고 흔한 것을 뜻합니다.

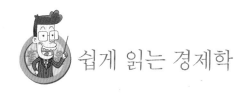

쉽게 읽는 경제학

교실에서 친구들이 각자 하나씩 장난감과 인형을 가져와 벼룩시장을 연다고 생각해 볼까요? 대부분은 문구점에서 쉽게 구할 수 있는 장난감과 인형인데, 한 친구가 우리나라에서 구하기 힘든 로봇 장난감을 가지고 왔다고 해 봐요. 그럼 이 장난감을 사려고 서로 아우성치다 점점 가격이 올라가겠지요? 왜냐하면 그 장난감은 하나밖에 없는데 사려는 사람은 많기 때문이지요. 여기에 바로 희소성의 경제 원리가 숨어 있습니다.

그렇다면 양이 거의 무한정인 공기나 물은 어떨까요? 희소성의 원리에 따르면 물은 공짜로 마셔야 하지 않을까요? 그런데 요즘에는 사람들 대부분이 마트에서 생수를 사서 먹죠. 불과 몇십 년 전만 해도 물에 가격을 매긴다는 것은 상상도 할 수 없는 일이었는데 말이죠.

이러다 물값이 다이아몬드보다 비싸지는 게 아닐까?

혹시 물의 양이 준 것일까요? 네, 어느 정도는 맞는 말입니다. 정확히 얘기하면 수질오염 때문에 사람들이 마실 수 있는 맑은 물의 양이 줄어든 것이지요. 결국 예전에 비해 '맑은 물'이 희소해진 것입니다.

인류는 이러한 희소성의 문제를 풀기 위해 끊임없이 노력을 해왔습니다. 오랜 옛날에는 동물들을 사냥

하거나 과일을 따서 가죽옷이나 식량 등을 얻었지만 점점 사람들의 숫자가 많아지면서 더 많은 것들을 필요로 하게 되었습니다. 결국 사람들은 더 많은 자원을 생산할 수 있는 방법을 생각해냈고, 약 1만 년 전부터는 농사를 지으면서 정착생활을 시작했습니다. 곡식을 재배하거나 가축을 직접 키우면 예전처럼 돌아다니지 않아도 이전보다 더 많은 양의 자원을 얻을 수 있기 때문이지요. 이것이 바로 농업혁명입니다.

　하지만 사람들은 배고픔을 해결하는 데 만족하지 않고 점점 옷이나 교통수단 같은 자원에도 희소성을 느끼게 되었지요. 그리고 이를 해결하기 위해 갖은 노력을 기울여 마침내 성공하게 됩니다. 즉 '어떻게 하면 좀 더 빨리, 많은 양의 물건들을 만들어낼 수 있을까' 고민하면서 기계를 발명한 것이지요. 기계를 통해 자원을 생산하게 된 것을 산업혁명이라 하는데, 농업혁명과 마찬가지로 이 또한 자원의 희소성을 해결하려는 사람들의 노력에 의해서 일어난 것이랍니다.

모든 경제행위는 사람의 욕망에 비해 자원이 한정되어 있기 때문에 발생합니다. 즉 희소성의 문제를 어떻게 하면 합리적으로 해결할 수 있을까 고민할 때 일어나는 것이지요. 지금도 사람들은 지구의 한정된 자원을 어떻게 하면 효율적으로 이용해 많은 것을 만들어낼까 고민하고 있답니다. 그리고 이러한 노력들은 최근의 정보혁명을 비롯한 다양한 '혁명'들을 일으키고 있지요.

이처럼 경제활동이란 한정된 자원을 많은 사람들이 누릴 수 있게 한다는 점에서 어떤 마법보다 놀랍고 고마운 마법이랍니다.

땅따먹기 놀이를 해 보아요.

❶ 큰 원이나 사각형을 그리고 둥글고 납작한 작은 돌(말)을 준비합니다.

❷ 구석에다 각자 한 뼘 정도의 반원을 그려 자기 집을 그립니다.

❸ 자기 집에서 말을 밖으로 튕깁니다.

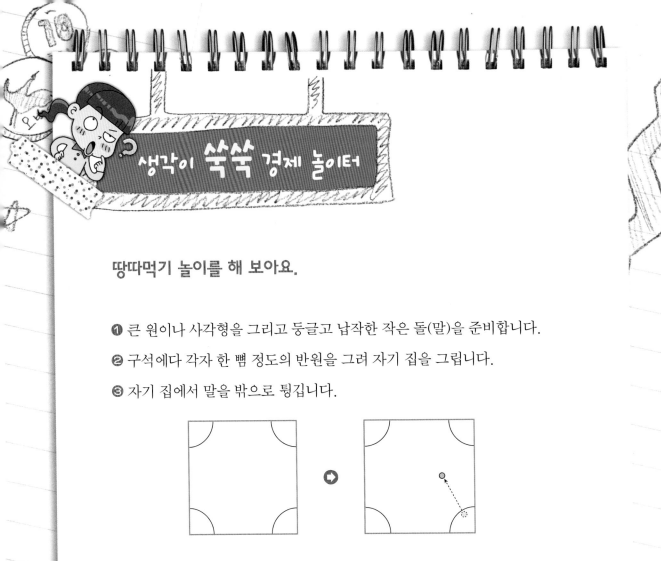

❹ 총 3번 튕겨 말이 다시 자기 집으로 돌아오게 합니다. 이 때 말이 지나
   간 자리를 금으로 그어 자기 땅으로 만듭니다.

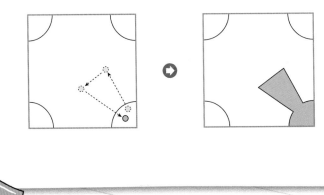

❺ 집과 집 사이, 또는 자기 집과 원래 그렸던 경계선 사이의 넓이가 한 뼘 사이이면 서로 이어 그 사이의 땅을 자기 땅으로 만들 수 있습니다.

❻ 또한 말이 다른 사람의 땅에 들어갔다 자기 집으로 돌아오면 남의 땅도 따먹을 수 있지요.

❼ 하지만 자기 집안으로 말을 놓지 못하거나 너무 세게 튕겨서 말이 선 밖으로 나가게 되면 다음 사람에게 순서를 넘겨줘야 합니다.

❽ 따 먹을 땅이 없을 때까지 계속하고 놀이가 끝난 후 가장 많은 땅을 차지한 사람이 이깁니다.

'땅따먹기 놀이' 또는 '땅빼앗아먹기 놀이'로 불리는 이 놀이는 '땅'이라는 제한된 자원을 어떻게 하면 더 많이 가질 것인가 하는 사람의 끝없는 욕망을 나타내고 있습니다. 즉 사람의 끝없는 욕망과 제한된 자원이라는 '희소성'에 대한 이해를 도울 수 있는 놀이지요.

'땅따먹기 놀이'는 놀이에 참여한 친구들에게 약간의 공간을 나눠주고 시작합니다. '가위 · 바위 · 보'를 하여 이긴 사람이 돌을 튕겨 세 번 만에 자신의 집으로 돌아오게 되면 그 땅(공간)을 모두 차지하게 됩니다. 이 때 자신의 땅이 넓으면 멀리까지 돌을 튕겨도 자기 집으로 돌아오기 쉬울 것입니다. 하지만 그렇지 못할 경우는 돌아오기가 대단히 어렵고 매번 실패를 거듭하게 됩니다.

결국 자신에게 주어진 땅이 클수록 놀이에서 이길 수 있겠지요? 하지만 모두 다 자신의 땅으로 만들 수는 없지요. 다른 친구들도 모두 땅을 가지고 싶어할 테니까요. 이처럼 제한된 자원을 얻기 위해서는 다른 사람들과 경쟁을 해야 한답니다.

다음 속담 중 희소성과 관련이 없는 것은?

❶ 바다는 메워도 사람 욕심은 못 메운다.

❷ 말 타면 경마 잡히고 싶다.

❸ 아흔 아홉 가진 놈이 하나 가진 놈 부러워한다.

❹ 산토끼 잡으려다 집토끼 놓친다.

해설: ❶, ❷, ❸의 속담은 인간 욕망이 바다보다 넓고 깊은데 비해 그것을 채워줄 자원은 한정되어 있음을 뜻해요. 참 ❷번 속담에서 '경마'란 말의 고삐를 의미하는 단어로 '경마 잡히고 싶다'는 표현은 하인이 끌어주는 말을 타고 싶다는 의미랍니다. 한편 ❹번 속담은 하나를 얻는 대신 다른 하나를 포기해야 함을 의미하지요. 이처럼 하나를 얻는 대신 다른 하나를 포기해야 할 때, 포기하는 것의 값어치를 경제용어로 '기회비용'이라고 한답니다.

경제의 시작, 선택

 무엇을 선택해야 할까요?

솜사탕을 먹을까, 아이스크림을 먹을까? 분홍치마를 살까, 청바지를 살까? 자전거를 살까, 인라인 스케이트를 살까?

여러분도 이러한 선택에서 망설여 본 적 있나요? 물론 둘다 할 수 있다면 좋겠지요. 그러나 우리는 살아가면서 둘 중에 꼭 한 가지만을 골라야 할 때가 더 많답니다. 필요한 물건이 딱 하나뿐이라면 고민할 필요없이 그 물건을 선택하겠지만 세상에는 다양한 물건이 굉장히 많기 때문이에요. 따라서 잘 생각해 보고 자신에게 가장 좋은 것, 가장 도움이 되는 것을 골라야 후회가 없겠지요.

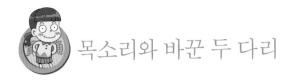 목소리와 바꾼 두 다리

깊고 깊은 바다 속 산호 궁전에 어여쁜 인어 공주가 살았습니다. 등허리까지 오는 풍성한 머리카락과 짙푸르고 하늘거리는 긴 꼬리가 특히 아름다웠지요.

"공주님은 정말 아름다워! 저 길고 아름다운 머리카락 좀 봐. 또 긴 꼬리는 어떻고? 진주알을 엮어 놓은 것처럼 반짝이지 않아?"

바다 속 물고기들은 인어 공주의 아름다움을 칭찬했어요.

하지만 이런 아름다움을 모두 합친 것보다 더 아름다운 것은 바로 공주의 목소리였답니다. 인어 공주가 노래를 부를 때면 지나가던 물고기 떼가 모이고, 뻐끔거리던 조개조차 숨을 죽이고 귀를 기울일 정도였으니까요.

"세상에, 공주님의 목소리는 은쟁반에 옥구슬을 굴러가는 소리보다 더 맑아. 얼굴도 예쁜데 목소리까지 저렇게 아름답다니…. 공주님은 얼마나 행복할까?"

하지만 인어 공주에게는 남모르는 슬픔이 있었습니다. 그것은 폭풍우가 세차게 몰아치는 어느 날 밤에 겪었던 일 때문이었지요. 그 날도 호기심 많은 인어 공주는 아무도 몰래 바닷속 궁궐을 빠져 나와 세상 구경을 하고 있었습니다. 그런데 마침 육지의 왕자가 탄 배가 폭풍우에 휩쓸려, 바다에 빠진 게 아니겠어요?.

인어 공주는 서둘러 그를 구해 육지로 끌어올렸어요.

폭풍우가 잠잠해지고, 물속으로 들어온 인어 공주는 그 왕자를 잊을 수가 없었습니다. '정말 너무 멋쟁이 왕자야! 우뚝한 코, 반짝이는 눈, 후리후리한 키…' 그래요, 인어 공주는 그만 왕자를 사랑하게 되었던 것이지요. 하지만 공주는 다리가 없었기 때문에 땅 위에 올라가 왕자를 만날 수가 없었습니다.

고민 끝에 인어 공주는 마법사를 찾아갔어요.

"두 다리를 갖고 싶다고? 그 정도 일쯤은 식은 죽 먹기지. 하지만 모든 일에는 대가가 따르는 법! 두 다리 대신 네 아름다운 목소리를 내게 줘. 그리고 다리를 얻고 육지에 올라가더라도 왕자와 결혼하지 못하면 물거품으로 변해버린다는 사실도 잊지 말라고."

그 말을 들은 인어 공주는 깊은 고민에 빠졌어요.

'어떻게 할까? 왕자와 만나려면 나의 아름다운 목소리를 포기해야 한다고? 심지어 목숨까지?'

그렇지만 인어 공주는 왕자를 만나지 않고는 도저히 견딜 수가 없었어요. 아름다운 목소리를 포기하더라도 왕자를 꼭 만나고 싶었던 것이지요. 결국 인어 공주는 마법사에게 자신의 아름다운 목소리를 주고 두 다리를 얻었습니다. 하지만 목소리를 잃었기 때문에 왕자에게 가서도 사랑하는 마음을 전할 수 없었지요. 왕자는 인어 공주의 마음을 모른 채 다른 나라 공주와 결혼하게 되었고, 인어 공주는 물거품이 되고 말았답니다.

내가 인어 공주였다면 왕자를 납치했을 텐데….

풍덩! 이야기 속으로

아, 정말 가슴아픈 일이지요? 왕자를 만나기 위해서 목소리까지 잃었는데, 결국 왕자의 사랑을 얻지 못하고 물거품이 되었으니 말이예요. 인어 공주는 왕자를 만나기 위해 아름다운 목소리를 마녀에게 주고, 대신 두 다리를 얻었습니다. 만약 여러분이 인어 공주였다면 어떻게 했을까요?

이렇듯 선택을 통해 어떤 것을 얻을 때는 동시에 잃는 것도 생각해야 한답니다. 공놀이도 하고 싶고, 게임

도 하고 싶지만 동시에 할 수 없을 때 공놀이를 선택하면 게임을 못하는 것과 같은 원리예요.

선택은 경제에서도 매우 중요한 의미를 갖습니다. 특히 합리적인 선택을 하려면 어떤 재화나 서비스를 선택할 때 거기에 들어가는 비용과 그로 인해 얻는 이익을 평가하고 비교해야 합니다. 같은 비용일 경우에는 이익이 큰 것을 선택하고, 이익이 같을 땐 비용이 적게 드는 것을 선택해야 하지요.

여기서 잠깐!

기회비용(opportunity cost)이란 어떤 하나를 선택함으로써 포기하지 않으면 안 되는 기회의 가치를 말합니다. 쉽게 말하면 인어공주가 꿈에도 그리던 왕자님을 만나기 위해 두 다리를 얻는 대신 포기하게 되는 '아름다운 목소리'가 기회비용이라 할 수 있습니다.

한편 경제학자들이 자주 인용하는 표현 중에 '공짜 점심은 없다(There is no such thing a free lunch)'는 문장이 있답니다. 이는 대가(비용) 없이는 아무 것도 얻을 수 없다는 의미로 역시 기회비용을 의미하는 말이에요.

일상생활은 선택의 연속이라 할 수 있습니다. 한번 생각해 보세요. 학교 갈 때 입고 갈 옷이나 방과 후에 친구랑 오락실을 들르는 일까지 모두 여러분의 선택에 달려 있지요? 그렇다면 선택은 왜 해야 하는 것일까요?

사람들은 누구나 욕망을 가지고 있습니다. 맛있는 음식, 멋진 옷, 고급차, 최신 전자제품을 사용하면서 편하게 살고 싶어하지요. 그렇지만 자신이 가지고 있는 예산(돈, 시간, 자원)은 제한되어 있기 때문에 그 범위 안에서 자신의 욕망을 이루어야 합니다. 그래서 모든 것을 다 가지지 못하고, 특별한 것을 '선택'해야만 하는 것이지요.

그런데 선택을 하면 반드시 기회비용이 발생하게 됩니다. 이것은 누구에게나 예외가 없지요. 여러분뿐만 아니라 대표적인 경제주체인 생산자, 소비자, 정부 역시 선택을 하면 기회비용이 발생합니다. 예를 들어 볼까요? 어떤 기업이 자동차를 만드는 공장을 짓는다고 생각해 봐요. 그러면 그 기업은 자동차는 만들 수 있어도 비행기는 만들 수 없겠지요. 소비자의 경우도 마찬가지예요. 가진 돈은 3만 원뿐인데, 축구공을 샀다면 MP3를 사는 것은 포기해야 합니다.

결국 사람들은 선택을 되풀이하는 과정에서 자연스럽게 한 가지 중요한 사실을 깨닫게 되지요. 즉 이 세상에는 '공짜 점심은 없다' 는 것입니다. 그러므로 어떤 선택을 할 때에는 그것을 통해 얻을 수 있는 이익뿐만 아니라 이익을 누리기 위해 기꺼이 치르지 않으면 안 되는 돈이나 시간 등의 비용을 잘 따져 보고 결정해야 합니다.

그리고 이왕이면 내가 좋아하는 것, 나에게 가장 유리한 것을 고르는 게 좋겠지요. 특히 시간이라는 자원은 누구에게나 똑같이 주어지므로 일의 우선순위를 정해 실천하는 것이 중요합니다.

합리적인 선택이 성공을 부른 예를 살펴 볼까요? 골프 황제 타이거 우즈는 학업의 길과 프로골퍼의 길 사이에서 고민을 하다 자신에게 맞는 합리적인 선택을 했고, 큰 성공을 거두었습니다.

또한 빌 게이츠 역시 세계 최고의 명문 하버드 대학의 학생이기를 포기하고 마이크로소프트사를 설립하여 자신의 꿈을 이루었지요. 그가 만약 학업의 길을 선택했다면 어땠을까요? 아마 지금의 마이크로소프트사는 없었겠지요. 그러니 여러분도 자신의 꿈을 이루려면 매순간 합리적인 선택을 할 수 있는 지혜를 길러야 할 것입니다.

나도 빌 게이츠처럼 지혜로운 사람이 돼야지

윷놀이를 해 보아요.

윷놀이는 우리나라의 가장 인기 있고 잘 알려진 민속놀이입니다. 설이나 추석 명절은 물론 다른 때에도 많은 사람들이 윷놀이를 즐기며 흥겨운 분위기를 만들지요. 그러면 윷놀이에 대해 구체적으로 알아보면서 기회비용과는 어떤 관계가 있는지 살펴볼까요?

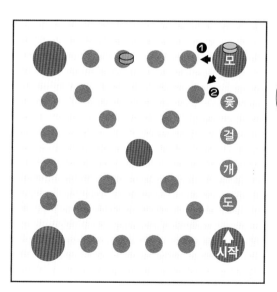

1번 길로 갈지, 2번 길로 갈지 결정하여라

'윷놀이'는 윷을 던져 뒤집어진 모양에 따라(도·개·걸·윷·모) 자기편의 말을 한 개씩 또는 짝을 지어 윷판 위로 이동시키는 놀이입니다. 이 경우 자기편에 유리한 길을 선택해야 하는데, 어느 한 길을 선택하면 다른 길은 포기하지 않으면 안 되지요. 즉 하나를 선택함으로써 포기하게 되는 기회의 가치인 기회비용(opportunity cost)이 발생하는 샘이지요.

윷놀이는 윷말을 어떻게 쓰느냐에 따라 게임의 결과가 크게 달라질 수 있습니다. 마치 우리의 삶처럼 말이지요. 따라서 이 놀이를 통해 여러 가지 상황을 고려해서 최선의 것을 선택하는 연습을 해 보도록 합니다.

다음 속담 중 기회비용과 관련이 없는 것은?
❶ 산토끼 잡으려다 집토끼 놓친다.
❷ 아홉 가진 놈이 하나 가진 놈 부러워한다.
❸ 달아나는 사슴 보다가 잡은 토끼 잃는다.
❹ 세상에 공짜 점심은 없다.

해설: ❶, ❸의 속담은 다른 것을 얻으려다 이미 갖고 있는 것을 잃게 되는 상황을 의미합니다. 이것은 한 가지를 얻으면 다른 한 가지는 포기할 수밖에 없는 기회비용과 연결지어 볼 수 있지요. ❷는 자신이 가진 것에 만족하지 못하는 인간의 끝없는 욕망을 나타내는 말로 희소성과 연관지어 볼 수 있습니다.

생산성을 높여야 잘 산대요

 주몽은 어떻게 중국을 이겼을까요?

먼 옛날 우리 조상들은 생활 속에서 쉽게 구할 수 있는 돌, 나무 등을 이용해 간단한 무기를 만들었습니다. 하지만 영토 문제로 중국과 전쟁을 치르면서 더 튼튼한 무기가 필요하게 되었지요. 왜냐하면 중국에는 쇠로 만든 튼튼한 무기, 강철검이 있었거든요.

그래서 주몽은 중국보다 더 좋은 품질의 강철검을 많이 그리고 빨리 만들어내려고 노력합니다. 그 결과 중국보다 놓은 '생산력'을 바탕으로 전쟁에서 중국을 이기고 마침내 고구려를 세우게 되지요.

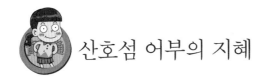 # 산호섬 어부의 지혜

'쏴아~ 처얼석~ 쏴아~ 처얼석~ 끼욱~ 끼욱~ 끼욱~'

파도 소리와 갈매기들의 노랫소리가 조화를 이루는 바위섬에 한 어부가 살고 있었습니다. 섬 주변 바다에는 물고기들이 많이 있었고, 어부는 열심히 물고기를 잡아다 육지 사람들에게 팔았답니다. 하지만 어부에게는 한 가지 고민이 있었어요.

'어떻게 하면 잡은 물고기를 싱싱하게 육지로 가져갈 수 있을까?'

육지에 사는 사람들은 싱싱한 물고기를 사고 싶어했어요. 하지만 막 잡았을 때는 펄펄 뛰던 물고기들도 육지에 도착할 때쯤에는 이미 죽어 있거나 힘이 없는 경우가 대부분이었지요.

그러던 어느 날 어부는 여느 때처럼 물고기를 팔러 육지로 갔답니다. 그리고 축 늘어진 물고기를 주욱 벌여 놓고는 외치기 시작했지요.

"자, 맛좋은 물고기가 왔어요. 모두들 와서 사 가세요."

그러나 지나던 손님들은 물고기를 쓰윽 보더니 다음과 같이 말하며 발길을 돌렸습니다.

"뭐야? 여기에 있는 물고기는 하나도 싱싱하질 않잖아. 산호섬 어부가 잡아온 물고기는 싱싱하던데…. 다 팔리기 전에 저쪽 걸 사야겠다."

손님들의 말을 듣고 어부는 깜짝 놀랐어요.

'뭐? 산호섬 어부의 물고기가 싱싱하다고? 산호섬이라면 우리 바위섬보다도 더 먼 섬인데, 어떻게 나보다 싱싱한 물고기를 가져올 수가 있지?"

바위섬 어부는 그 길로 산호섬 어부를 찾아갔어요. 산호섬 어부는 물고기들을 커다란 어항에 넣어 둔 채 팔고 있었지요. 그런데 어항 속의 물고기들은 어찌나 날쌔게 돌아다니는지 방금 잡은 것 같아 보였습니다. 한참 동안 고개만 갸웃거리던 바위섬 어부가 물었어요.

"이보게, 산호섬 어부! 자네는 나보다 더 먼 섬에서 물고기를 잡아오는데 어쩌면 이렇게도 싱싱한가? 무슨 비결이라도 있나?"

그러자 산호섬 어부가 대답했어요.

"글쎄, 비결이라면 어항 안에 물고기를 잡아먹는 또 다른 물고기를 한 놈 넣는 것이지."

"아니, 그게 무슨 소린가? 그럼 애써 잡은 물고기들이 다 잡아먹힐 게 아닌가?"

"물론 몇 마리야 잡아먹히지. 하지만 나머지 물고기들은 잡아먹히지 않으려고 날쌔게 도망을 다닌다네. 그러다 보면 육지에 닿을 때까지 여전히 날쌔고 싱싱한 상태로 살게 되지."

바위섬 어부는 이 말을 듣고, 고개를 끄덕일 수밖에 없었답니다.

산호섬 어부는 바위섬 어부가 생각하지 못한 놀라운 방법으로 싱싱한 물고기를 육지에 가져가 비싼 값에 팔 수 있었던 것이지요. 결국 작은 지혜 하나로 산호섬 어부는 부자가 되었답니다.

풍덩! 이야기 속으로

바위섬 어부는 잡은 물고기를 어떻게 하면 싱싱한 상태로 육지에 가져갈 수 있을까 고민합니다. 왜냐하면 육지 사람들은 싱싱한 물고기를 사고 싶어했거든요. 하지만 싱싱한 물고기를 육지에 팔 수 있게 좋은 생각을 해낸 사람은 산호섬 어부였고, 이를 통해 부자가 되었지요.

이처럼 오랫동안 사람들은 좋은 물건을 생산하려는 고민들을 해왔습니다. 18세기에 산업혁명을 일으킨 영국을 예로 들어 볼까요? 당시 영국에는

높은 생산력이 부자가 되는 비결이었군.

36

많은 옷감이 필요했답니다. 따라서 질이 좋은 옷감을 가능한 빨리 만드는 것이 중요했지요. 많은 사람들이 이야기 속 바위섬 어부처럼 고민을 했습니다. 그러다 산호섬 어부와 같은 지혜를 가진 사람이 나타났는데, 그가 바로 제임스 와트였답니다. 그는 1765년에 석탄으로 움직이는 '증기 기관'을 발명하게 되는데, 이는 물을 끓일 때 생기는 증기의 힘으로 기계와 연결된 바퀴를 구르게 하는 것이었습니다. 그리하여 사람들은 증기 기관을 이용해 옷감을 빨리 그리고 많이 만들 수 있게 되었답니다. 즉 생산성이 향상된 것이지요.

여기서 잠깐!

생산성이란 노동·설비·원료 등의 **투입량(input)**과 **생산량(output)**의 비율을 말합니다(생산성=산출량/투입량). 어렵다고요? 쉽게 말하면 투입량이란 몇 명의 사람(노동)이 어떤 기계나 장비(설비)를 가지고, 얼마만큼의 원료를 이용해 몇 개의 재화(생산량)를 만들 수 있느냐를 의미합니다.

그런데 가능하면 적은 노동과 시간을 들여 많은 물건을 만든다면 효율적이겠지요? 바로 이러한 상태를 '생산성이 높다'라고 이야기하는데, 생산성이 높아지면 사람들의 소득도 높아지고 기업과 나라의 경제도 발전합니다. 대체로 선진국들은 생산성이 높지요.

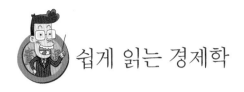

쉽게 읽는 경제학

옛날 사람들은 필요한 물건을 만들 때 손이나 간단한 도구를 이용하였습니다. 자연히 물건 하나를 만드는 데 시간이 오래 걸렸고, 다양한 종류의 물건을 충분히 만들기가 어려웠지요. 그래서 사람들은 시간과 노력을 적게 들이고도 필요한 물건을 원하는 만큼 만들어 낼 수 있는 방법이 없을까 고민하게 되었답니다.

이로 인해 나타난 것이 '분업'이었어요. 물건 하나를 혼자 도맡아 만들던 것을 여러 사람이 각자 맡은 부분만 만드는 것이지요. 예를 들어 시계를 만들 때는 시침만 만드는 사람, 분침만 만드는 사람 등으로 나누어서 나중에 조립을 했던 것이지요. 그러자 자연스럽게 물건을 만드는 일이 빨라지기 시작했습니다.

그러던 중 18세기 영국에서 '증기 기관'이 발명되었고, 작업 속도가 더욱 빨라졌습니다. 제품을 만드는 대부분의 일을 공장에서 기계로 처리하니 사람의 손이나 간단한 도구로 처리하던 때와는 비교할 수 없을 정도로 일의 능률이 높아진 것이지요. 그리고 기계를 조금 다르게 조작하면 여러 물건을 만들 수 있기 때문에 사람들은 다양한 종류의 물건을 원하는 만큼 살 수 있게 되었지요.

하지만 모든 사람들이 다 풍요로워진 것은 아니었습니다. 그 동안 손으로 물건을 만들던 사람들은 일자리를 잃게 되었던 것이지요. 오랜 시간 수작업으로 만든 제품이나 기계로 만든 제품 사이에 품질차이는 별로 없었습니다. 반면 기계로 만든 제품은 가격이 훨씬 쌌기 때문에 손으로 만든 제품은 더 이상 팔리지 않았지요. 따라서 한동안은 많은 사람들이 일자리를 얻지 못하는 일도 벌어졌답니다.

하지만 점점 사람들은 기계가 하지 못하는, 즉 사람만이 할 수 있는 일들을 찾아내 익히기 시작했습니다. 말하자면 단순하고 반복적인 일에서 해방돼 창조적인 일을 할 수 있게 된 것이지요.

예를 들어 최근에는 사람의 힘만이 아닌 기계를 이용해서 농사를 짓습니다. 볍씨도 뿌리고, 농약도 치고, 수확도 하는 것이지요. 하지만 유전자를 조합해 튼튼하고, 열매를 많이 맺는 식물을 개발하고 연구하는 것은 여전히 사람의 몫이랍니다.

또 옷을 만들 때도 마찬가지지요. 실로 꿰매고 단추를 다는 단순한 일에는 모두 기계가 사용되지만 세련된 모양의 옷을 디자인 하는 것은 사람만이 할 수 있어요.

결과적으로 사람들은 생산성을 높임으로써 단순하고 반복적인 노동 작업에서 해방돼 남은 시간을 더 자유롭고 발전적인 일에 사용할 수 있게 되었습니다. 이렇듯 높은 생산성은 사람들에게 더 많은 소득과 편리하고 안락한 생활을 제공하면서 사회와 국가를 더욱 풍요롭게 해준다고 볼 수 있겠습니다.

생각이 쑥쑥 경제 놀이터

낚시 놀이를 해 보아요.

1. 준비물

2미터 정도의 막대기나 대나무 7개, 낚싯줄 끝에 매달 바둑알 크기의 둥그런 자석 7개, 실 1타래, 4절 마분지 30장(참가자 수만큼), 가위 7개, 칼 7개, 색연필이나 싸인펜, 크레파스

2. 놀이 방법

❶ 준비물을 이용하여 낚싯대를 만듭니다.

❷ 마분지에 물고기를 그리고 색칠한 다음 예쁘게 자릅니다.

❸ 색칠한 물고기 입에 클립을 하나씩 끼웁니다.

❹ 클립이 끼워진 물고기를 일정한 간격으로 바닥에 늘어놓습니다.

❺ 이제 낚싯대를 이용하여 신호에 맞춰 물고기를 낚습니다.

❻ 정해진 시간에 물고기를 가장 많이 낚는 모둠이 이기게 됩니다. 팀원들
   끼리 돌아가며 물고기를 낚도록 해요.

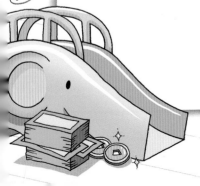

이 놀이에서 우리는 생산성에 대해서 배울 수 있습니다. 즉 정해진 시간에 남보다 물고기를 더 많이 잡는 사람은 다른 사람에 비해 생산성이 높은 것이지요.

그러면 어떻게 해야 다른 사람보다 물고기를 많이 잡을 수 있을까요? 우선 낚싯대(자본)를 많이 가지고 있고, 물고기를 잡는 사람(노동)이 많으며, 물고기를 잡을 수 있는 풍부한 장소(토지)가 필요할 것입니다. 여기에 물고기를 잡는 지식과 기술이 뛰어나다면 더욱 좋겠지요.

다음 중 높은 생산성과 관련이 없는 것은?

① 보리 밥알로 잉어 낚는다.
② 한 되 주고 한 섬 받는다.
③ 한 푼짜리 푸닥거리에 두부가 오 푼이다.
④ 박토 팔아 옥토 산다.

해설: ①, ②, ④의 속담은 작은 것을 투입하여 더 큰 것을 얻어내는 것을 의미합니다. ②에 나온 '되'나 '섬'은 옛날에 곡물의 부피를 재던 단위로 1섬은 1되의 100배 분량이랍니다. 그러니 한 되 주고 한 섬을 받는다면 엄청난 이익을 얻는 것이지요. 반면에 ③은 한 푼의 수입을 기대한 사업에 다섯 푼의 비용이 들어갔으므로 '생산성을 증대하기는커녕 오히려 큰 손해를 본 것'을 의미하지요.

화폐,
넌 누구냐?

 돈은 '돌고 도니까' 돈인가요?

경제활동에서 돈은 우리 몸속의 혈액과 같은 구실을 합니다. '피'가 우리 몸을 순환하면서 영양분을 골고루 날라주듯이, '돈'은 수많은 경제주체 사이에서 거래를 촉진하는 기능을 하기 때문이지요.

근로자는 일한 대가로 임금을 받고 필요한 상품을 사기 위해 받은 임금의 일부를 소비하지요. 그러면 그 돈은 상품을 만들어낸 생산자, 즉 기업에게 들어갑니다. 그리고 기업은 다시 물건을 생산하기 위해 노동을 제공해 준 근로자에게 임금을 지급하지요. 이렇듯 돈의 순환은 경제활동과 깊은 관련이 있습니다.

원시경제 상태에서 사람들은 자기가 필요한 물건을 스스로 만들어 사용하는 자급자족을 했어요. 즉 자신들의 살고 있는 지역에서 구하거나 재배할 수 있는 것들을 중심으로 생활한 것이지요.

어느 날 어촌에 사는 사람과 넓은 평지에 사는 사람이 만나게 되었습니다. 서로는 자신들의 생활 이야기를 들려주었어요.

"나는 어촌에 살다보니 물고기는 많은데, 쌀이 부족하구려."

"나는 넓은 평지에서 생활하다보니 쌀은 충분히 많은데 물고기가 부족해요."

"뭐라고요? 쌀이 부족하다고요? 우리 지역엔 쌀이 엄청 많아 남아도는데…."

"그래요? 우리 지역엔 물고기가 엄청 많아 남아도는데…."

두 사람에게 갑자기 좋은 생각이 떠올랐어요.

"그렇군요. 그럼 우리 서로 남아도는 물건과 모자라는 물건을 바꾸면 어떨까요?"

"그것 참 좋은 생각입니다. 각자 마을로 돌아가서 남는 물건을 가져오도록 합시다."

그들은 가지고 온 물건들을 서로 바꾸었습니다. 이른바 물물교환이 이루어졌던 것이지요.

물물교환을 통해 사람들은 이전보다 더 나은 삶을 살게 되었습니다. 하지만 점차 여러 사람들과 다양한 물건을 교환하면서 생각지 못한 문제가 발생했어요. 어떤 물건은 너무 크고, 어떤 물건은 너무 작아 1:1로 교환하는 게 쉽지 않았던 것이지요.

"나는 쇠고기가 필요한데, 내가 들고 온 쌀 한 가마와 자네의 소 한 마리를 바꾸지 않겠는가?"

"뭐, 나는 쌀이 조금 필요할 뿐인데, 그걸 소 한 마리랑 통째로 바꾸자는 말인가 내가 손해보는 것 같은데?"

"그러면 조가비를 사용하면 어떻겠는가? 운반하기도 편리하고, 오

래두어도 상하지 않으며, 쉽게 씻어서 사용할 수 있으니까."

그리하여 조가비는 인류사회 곳곳에서 원시화폐로 널리 활용되었어요. 이것이 바로 화폐의 교환 기능이지요. 그러나 점점 사람들의 숫자가 많아지고, 거래활동이 활발해지자 조가비를 사용하는 것이 힘들어졌습니다.

"이 조가비는 깨졌잖아? 깨진 조가비는 받을 수 없어."

"아니, 깨지다니. 우리 동네 조가비는 다 그렇게 생겼단 말일세."

여러 사람이 주고받았기 때문에 모양이 들쑥날쑥한 조가비 대신 청동으로 똑같은 모양의 화폐를 찍어내기에 이른 것이지요. 조가비를 형상화한 청동화폐는 가래, 괭이 모양으로 변하다가 나중에는 칼 모양의 돈(도전:刀錢)으로 발전했어요. 그리고 소 한 마리는 칼 30자루, 물고기 한 소쿠리는 칼 5자루라는 식으로 물건의 가치를 따져 거래가 이루어졌지요.

풍덩! 이야기 속으로

아주 먼 옛날에는 어떤 물건이 필요할 때, 필요한 물건을 가지고 있는 사람끼리 서로 물건을 맞바꾸는 물물교환을 했습니다. 그러나 자신이 필요로 하는 물건을 가지고 있는 사람을 매번 만나는 일이 쉽지 않았지요. 게다가 물건의 크기나 가치가 다를 경우에는 맞교환하기가 힘들었지요. 그래서 사람들은 조개껍데기 · 쌀 · 삼베 · 농기구 등의 '물품 화폐'나 금·은·동과 같은 '금속 화폐'를 사용하게 되었습니다.

그러나 이러한 화폐들은 크기가 크고 무거워서 운반하기가 어려웠답니다. 그러자 사람들은 종이로 만든 돈, 즉 지폐를 만들어냈지요. 하지만 아무리 종이로 만든 돈이라도 규모가 큰 거래에는 많은 양의 화폐가 필요했기 때문에 불편함이 생기게 되었고, 이러한 불편함을 해소하기 위해 나중에는 어음과 수표가 등장하게 됩니다. 그리고 기술이 발달한 최근에는 신용 카드나 전자화폐가 많이 사용되고 있지요.

여기서 잠깐!

화폐(貨幣)란 상품의 교환과 유통을 잘 이루어지게 하는 매개물을 말합니다. 돈의 한자어인 화폐는 고대에 돈의 구실을 했던 조가비, 쌀, 소, 베와 같은 물건 한 개의 이름을 나타내는 **전화(錢貨)**라는 단어와 곡식, 가축, 옷감 등 여러 가지 물건의 묶음을 의미하는 **전폐(錢幣)**라는 단어가 합쳐져 만들어진 말입니다. 이 때 전(錢)은 옛날 중국에서 농부들이 흙을 파는 데 사용했던 도구인 가래를 의미하는데, 당시 중국에서는 이와 같은 도구가 돈으로 널리 사용되었지요. 한편 돈은 영어로 '머니(money)'라고 하는데, 이는 로마의 주조공장에 있던 동굴모양의 지하 신전인 유노(Juno)의 다른 이름인 모네타(moneta)에서 유래되었다고 합니다.

혈액이 인체의 곳곳을 돌며, 인간의 활동을 돕듯이 돈 역시 이 사람 저 사람 사이를 오가며 경제활동을 원활하게 합니다. 그렇다면 이렇게 중요한 돈은 언제부터 사용되었던 것일까요? 아주 오랜 옛날에는 돈이 없었습니다. 따라서 당시에는 주로 물물교환을 통해 경제활동을 했지요. 하지만 물물교환에는 여러 가지 불편함이 따랐기 때문에 경제활동이 원활하게 이루어지지 않았답니다. 결국 문명이 발달하면서 사람들은 돈을 만들게 되었지요. 그렇다면 돈은 구체적으로 우리생활에서 어떤 기능을 할까요?

첫째, 돈은 교환수단의 기능을 합니다. 물물교환이 불편한 이유 중 하나는 필요한 물건이 제 각각 다르다는 것이었습니다. 예를 들어 버섯을 가지고 장에 나온 산골 총각은 옷감이 필요한데 옷감을 가지고 나온 아주머니는 신발이 필요했지요. 또한 신발을 가지고 나온 아주머니는 물고기가 필요한데, 정작 물고기를 가져 온 어부 아저씨는 쌀이 필요할 수도 있고요. 이렇듯 물물교환은 서로 필요한 물건을 한번에 맞바꾸기가 어려운데다 교환하려는 사람이 많을수록 그 과정이 너무 복잡

돈은 정말 다양한 기능을 하는구나.

했어요. 하지만 돈이 있으면 내가 원하는 물건을 상대방이 갖고 있지 않아도 상관없지요.

둘째, 돈은 가치 척도의 기능을 합니다. 예를 들어 금보다 귀한 다이아몬드를 사려면 금보다 더 많은 돈을 지불해야 하지요. 즉 다이아몬드를 사기 위해 금 가격의 10배를 주어야 한다면 다이아몬드는 금보다 10배 가치가 있다는 것을 의미하는 셈이랍니다.

셋째, 돈은 지불수단의 기능을 합니다. 물물교환은 동시에 일어나는 게 일반적이지만 돈을 사용하게 되면 모든 것을 동시에 이루어야할 필요가 없어지지요. 예를 들어 회사에서 일을 하게 되면 한달

동안 일을 하고 난 특정 시점에 임금이 지불됩니다. 한마디로 시간의 간격을 두고 일어나는 거래를 돈이 완결하는 것이지요.

넷째, 돈은 가치 저장의 기능을 합니다. 풍년이 들어 쌀을 많이 수확한 농부 아저씨가 창고에다 그 쌀을 쌓아둔다고 생각해 봅시다. 비가 오면 썩고 날이 더우면 벌레가 생길 수 있지요. 또한 한꺼번에 물고기를 많이 잡은 어부 아저씨도 마찬가지예요. 말려서 쌓아 둔다 해도 오래 가지 못해서 결국 큰 손해를 보게 될 수 있지요. 하지만 돈으로 바꿔서 보관하면 몇 년을 둬도 썩거나 벌레가 생겨 손해 보는 일이 없게 됩니다. 즉 물건의 가치를 오랜 시간 동안 저장할 수 있는 것이지요.

노래 'Ten Little Pennies'를 부르며 미국 화폐의
단위를 알아 보아요. (열 꼬마 인디언 노래)

One little, two little, three little pennies,

Four little, five little, six little pennies,

Seven little, eight little, nine little pennies,

Ten pennies make one dime.

One little, two little, three little dimes,

Four little, five little, six little dimes,

Seven little, eight little, nine little dimes,

Ten dimes make one dollar.

Two little, four little, six little nickels,

Eight little, ten little, twelve little nickels,

Fourteen, sixteen, eighteen nickles,

Twenty nickles make one dollar.

화폐 속의 인물 찾기

화폐에는 그 나라를 대표하는 물건과 인물들이 그려져 있습니다. 알고 있다고요? 그러면 화폐에 어떤 것들이 그려져 있는지 연결해 봅시다.

| 10 원 | 50 원 | 100 원 | 1천 원 | 1만 원 |

| 이순신 장군 | 쌀 | 세종대왕 | 퇴계 이황 | 다보탑 |

경제가 보이는 Quiz

돈과 관련된 다음의 말 중 틀린 것은?

❶ 돈을 뜻하는 머니(money)는 로마시대 모네타(moneta)라는 용어에서 유래했다.

❷ 돈의 기능에는 교환의 기능, 가치 척도의 기능 등이 있다.

❸ 원활한 경제활동을 위해서는 돈의 순환이 잘 돼야 한다.

❹ 아주 먼 옛날에도 칼이 돈으로 쓰인 적은 없었다.

해설: 답은 ❹입니다. 조가비를 형상화한 청동 화폐는 이후 가래, 괭이 등의 모양으로 변하다 나중에는 칼 모양을 한 도전(刀錢)으로 발전했지요.

경쟁의 시작 사유재산제도

 어른들은 왜 일을 할까요?

시장에 가면 아주머니가 채소를 예쁘게 다듬어서 파는 것을 볼 수 있습니다. 생선 가게 아저씨는 엄마가 요리하기 좋게 생선을 적당히 잘라 주시지요. 또 건설 현장에서 일하는 아저씨들은 건물을 짓거나 다리를 놓습니다. 모두들 더운 여름이나 추운 겨울에도 쉬지 않고 일 하시지요. 그 뿐만 아니에요. 엄마도 아빠도 아침에 일찍 일어나 일을 하십니다. 실컷 자다 출근하면 좋을 텐데 말이지요. 왜 어른들은 이처럼 힘든 일을 마다하지 않고 최선을 다하는 것일까요?

망원경 덕에 부자가 된 찡어

옛날에 동해 바다 속에 복어와 찡어가 살고 있었습니다. 복어는 어려서부터 몸이 약해서 학교에 잘 가지 못했어요. 그러던 어느 날 마음씨 착한 오징어가 복어에게 다가와 말했습니다.

"복어야, 학교에 다니는 게 힘들지? 내가 도와줄 테니 나와 함께 다니는 게 어때?"

복어는 힘없이 머리를 저으며 말했어요.

"그랬다간 찡어, 너마저 지각을 하게 될 걸."

"아니야, 내가 너를 등에 태우고 헤엄치면 되는 걸. 나는 다리가 많아서 책가방이랑 실내화 주머니 그리고 도시락을 두 개씩 들고도 다리가 네 개나 남아"

그래서 복어는 찡어와 학교를 함께 다니게 되었습니다. 그리고 복어는 공부를 열심히 해 훌륭한 성적으로 졸업하게 되었지요. 복어는 학교를 졸업한 다음에도 열심히 일했고, 십 년 후에는 살림이 넉넉해져 남부러울 게 하나도 없었답니다. 또한 자신을 도와주었던 찡어에게 고마움을 가지고 있었기 때문에 찡어에게 돈과 옷을 공짜로 주었지요. 그러자 찡어는 부자인 복어만 믿고 빈둥빈둥 놀기만 했습니다. 일자리도 구하려 하지 않고 말이지요. 그러자 복어는 점점 그런 찡어가 걱정이 되었습니다.

그러던 어느 날 복어는 큰돈을 주고 물 밖 세상을 볼 수 있는 망원경을 샀습니다. 복어가 한창 망원경을 보고 있는데 찡어가 놀러 왔어요.

"복어야, 그 신기한 물건은 어디에 쓰는 거야?"

"응, 이건 물 밖 세상을 볼 수 있는 망원경이야. 땅 위에 사는 네 발로 걸어 다니는 이상한 짐승도 볼 수 있지."

찡어는 복어의 말을 듣고 깜짝 놀랐어요.

"뭐, 네 발로 걸어 다니는 짐승이 있다고? 정말 신기한걸! 어디 나도 좀 보자."

"안 돼. 이 망원경은 내 거야. 내가 번 돈으로 산 거라고."

"야, 그 동안은 네 물건이 내 물건이고, 내 물건이 네 물건이었잖아. 우리 사이에 네 것 내 것이 어디 있니?"

찡어의 간곡한 부탁에도 복어는 차갑게 거절했어요.

"싫어. 이것은 내가 돈 주고 산 내 물건이야. 너도 정 보고 싶으면 열심히 돈 벌어서 사서 보려무나."

"흥, 그깟 망원경 얼마나 한다고. 어디 두고 봐. 나도 내 망원경을 살 테니까."

화가 난 찡어는 그 길로 일자리를 구했습니다. 그리고 하루도 쉬지 않고 밤낮없이 일한 덕에 십 년 뒤에는 복어만큼 부자가 되었지요. 갖고 싶던 망원경도 살 수 있게 되었고요.

그러자 복어가 오징어를 찾아와 다음과 같이 말했습니다.

"찡어야! 그 때 내 망원경을 보여 줬더라면 네가 이렇게 큰 부자가 되지는 못 했을 거야."

그제서야 찡어는 복어의 깊은 속뜻을 알아차렸고, 이전보다 더욱 사이좋게 지내게 되었답니다.

풍덩! 이야기 속으로

복어와 찡어는 둘도 없는 친구였습니다. 그래서 찡어는 복어의 물건을 자기 것인양 사용할 수 있었지요. 그러니 찡어는 열심히 일할 이유가 없었겠지요? 자기가 돈을 벌어 물건을 사지 않아도 되었으니까요. 그래서 복어는 찡어가 열심히 일하기를 바라고 일부러 망원경을 보여주지 않았습니다. 친구에게 경쟁심을 불러일으켜 열심히 일하게 만들고자 한 것이지요. 이처럼 사람들에게는 자기 것을 소중히 여기고, 더잘 돌보려는 마음이 있습니다.

여기서 잠깐!

사유재산(私有財産)이란 자신의 노력과 능력으로 획득한 경제적 가치가 있는 재화나 용역을 자기 마음대로 사용하고 처분하는 것을 말합니다. '내 노력의 결과는 나의 것이고, 나의 것을 가져가고 싶다면 나의 허락을 받아라!' 이것이 사유재산제도의 핵심인 것이지요. 그래서 주인 없는 아프리카의 코끼리는 사람들이 함부로 사냥해서 멸종 위기에 놓여있지만, 주인이 확실한 태국의 코끼리는 사람들의 보호 아래 숫자가 불어나는 것입니다.

쉽게 읽는 경제학

　사람들이 스스로 경제활동에 참여하고, 최선을 다해 능력을 발휘하고 노력하는 가장 큰 동기는 사유재산에 있습니다. 그래서 대부분의 국가는 법으로 사유재산을 보호하고, 개인이 자유롭게 재산을 관리하고 운영할 수 있도록 하고 있습니다. 즉 누군가의 물건을 다른 사람들이 함부로 사용하지 못하게끔 법으로 지켜주는 것이지요.

　하지만 이러한 사유재산제도는 원시시대에는 없었습니다. 당시에는 한 곳에 정착해 생활하지 않고 이동생활을 했지요. 따라서 동물을 사냥하여 식량을 구하거나 다른 부족 사람들과 싸워 이기려면 무리가 힘을 합쳐야 했습니다.

그러나 농사를 지으면서 정착생활을 하고, 점점 기술이 발달하면서 사람들은 가족 단위 정도로도 식량을 구하고, 물건을 만들 수 있게 되었습니다. 또한 생산성이 높아지면서 어떤 물건은 쓰다가 남기도 했지요. 그러자 쓰고 남는 물건을 누가 가질 것인가 하는

문제가 점점 중요해지게 되었습니다. 그리하여 사유재산이라는 개념이 생겨나게 된 것이지요.

오늘날의 사유재산제도는 18~19세기 자본주의의 탄생과 함께 발생했습니다. 이 제도는 국가가 개인의 재산을 인정해 주는 것으로 소유의 주체가 국가가 아니라 개인이라는 특성을 지닙니다. 오늘날 자본주의 사회에서는 사유재산제도가 경제활동의 기반을 이루고 있지요.

아, 자본주의가 무엇이냐고요? 자본주의란 사유재산을 바탕으로 개인이 자유롭게 경제행위를 할 수 있게 하는 경제체제를 의미합니다. 이와 대립되는 말로는 사회주의가 있지요. 사회주의는 개인이 아닌 국가가 계획을 짜는 경제체제를 의미합니다. 따라서 개인은 국가가 나눠주는 대로 물건을 갖게 되지요.

이처럼 사회주의 경제체제는 모든 개인이 정부가 내리는 대부분의 결정을 받아들여야 한다는 것을 기본 조건으로 하고 있습니다. 이는 개인이 누려야 할 선택의 자유를 빼앗는 것이 되고, 결국 개인의 자유로운 참여와 창의적 아이디어를 발표할 기회를 가로막는다고 할 수 있습니다. 이러한 이유로 오늘날 대부분의 사회주의 국가들은 이미 무너졌거나 쇠퇴의 길을 걷고 있지요.

한편 자본주의 경제체제에서는 모든 개인이 자신의 재산을 가질 수 있으므로 최선을 다해 일하게 됩니다. 특히 다른 사람보다 뛰어난 능력이나 생각을 가지면 돈을 더 많이 벌 수 있기 때문에 창의적인 생각들을 많이 하게 되지요.

하지만 자본주의 경제체제에도 단점이 있어요. 예를 들어 몸이 불편하거나 능력이 부족한 사람들은 생계를 유지하기도 어렵게 되지요. 또 사람들이 자기 것을 만드는 데만 신경쓰다 보면 주인이 없는 자연물을 오염시키거나 자원을 함부로 낭비하기도 합니다. 그래서 국가는 몸이 불편하거나 능력이 부족한 사람에게 최소한의 생계비를 지원해 주지요. 또한 산이나 강 같은 자연물 등을 국가 소유로 하여, 자본주의 경제체제의 단점을 보완하려 노력한답니다.

모든 것에는 장단점이 있는 법이지요.

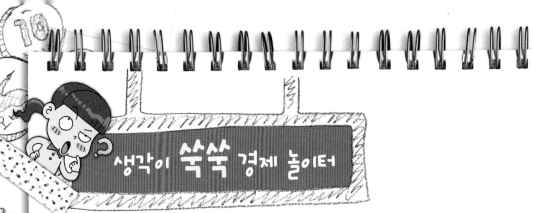

생각이 쑥쑥 경제 놀이터

도형그리기 놀이를 해 보아요.

1. 준비물

놀이판(가운데 정사각형이 그려진 8절 도화지), 자, 컴퍼스, 연필, 지우개, 문제 카드(여러 가지 도형이름이 적힌 카드: 정삼각형, 직각삼각형, 이등변삼각형, 정사각형, 직사각형, 마름모, 평행사변형 등), 여러 가지 색연필이나 사인펜, 크레파스

2. 놀이방법

❶ 2~4명이 참여하여, 각자 자기 색깔을 정한 다음 정사각형 네 변에 색칠을 합니다.

❷ 그리고 문제카드를 잘 섞어 엎어 놓습니다. 이 때 문제카드에는 도형그림과 이름을 적습니다.

❸ 가위, 바위 보를 하여 이긴 사람이 엎어놓은 문제카드를 선택합니다.

❹ 선택한 사람은 그 카드에 적힌 도형을 그리고 자기 색깔로 칠을 합니다.

❺ 단, 도형을 그릴 때는 한 변의 길이를 5cm보다 짧게 그립니다.

⑥ 20분의 시간 동안 도형을 그려 자기 색깔의 영역이 넓은 사람이 놀이에
서 이깁니다.

이 놀이에서 이기려면 자신의 가진 땅을 넓혀야 합니다. 그리고 이 때에
는 정해진 규칙을 지켜야 하지요. 놀이를 통해 법과 규칙을 준수하면서
자신의 재산을 늘려나가는 사유재산제도에 대해 생각해 봅시다.

경제가 보이는 Quiz

다음 속담 중 사유재산과 관련이 있는 속담은?
❶ 꿩 먹고 알 먹는다.
❷ 남의 집 금송아지가 내 집 송아지만 못하다.
❸ 벌 나비도 꽃이 좋아야 찾아간다.
❹ 조리에 옻칠한다.

해설: ❶은 한 가지 일로 두 가지의 이익을 본다는 말로 합리적 투자와 관련된
속담입니다. ❸은 경제적 유인과 관련된 것으로 사람들마다 자신의 선호에 따라
어떤 행위를 한다는 것을 의미하지요. 그리고 ❹는 쌀을 씻을 때 쓰는 도구인 조
리에 귀한 장롱에나 칠할 법한 옻을 칠한다는 것으로 사치에 대해 이야기 하고
있습니다. 따라서 답은 ❷로 값비싼 다른 사람의 물건에 비해 가치가 적을지라
도 자신 소유의 물건이 더 소중하다는 의미의 사유재산에 대해 말하고 있어요.

3

6

경제학의 단골손님 수요와 공급

 황사가 오면 돼지고기가
쇠고기보다 더 귀한 이유는?

  봄철에 황사가 계속되면 돼지고기 소비가 크게 늘게 됩니다. 의학적인 근거는 없지만 돼지고기가 미세먼지와 중금속을 씻어내는 데 효과가 있는 것으로 알려져 있기 때문이지요. 또한 돼지고기를 찾는 사람이 늘어나면 가격이 오르게 됩니다. 한동안은 쇠고기보다도 더 귀한 대접을 받는 것이지요. 하지만 황사철이 지나 돼지고기를 찾는 사람들의 수가 줄어들면 돼지고기 가격은 원래대로 돌아가지요.

 보오의 파리채

어느 마을에 보오라는 쥐 한 마리가 살았어요. 보오는 부자가 되는 게 꿈이었어요. 어떻게 하면 많은 돈을 벌 수 있을까 고민하던 보오는 마을에서 가장 힘이 센 황소를 찾아갔어요.

"황소 아저씨! 제가 장사를 할까 하는데 무엇을 팔면 좋을까요?"

"뭐라고? 에이 이놈의 파리들. 윙윙거리는 소리 때문에 하나도 안 들리네."

"아!~저!~씨! 제가 장사를 할까 한다고요."

"아~ 몰라, 몰라. 쇠파리 때문에 성가셔 죽겠다. 시끄럽게 굴지 말고 좀 가줄래?"

서슬 퍼런 황소 아저씨의 고함에 놀라 보오는 꼬리에 불이 나게 도망쳤어요.

"헉헉, 하마터면 저 커다란 발에 밟혀 쥐포가 될 뻔했네. 아이고 가슴이야."

보오가 한창 숨을 돌리고 있는데, 저 만치서 우아한 공작새 청년이 걸어오는 게 보였어요. 그는 아름다운 깃털을 뽐내며 우아하게 걸어왔지요.

"공작새 형! 내가 장사를 할까 하는데, 어떤 물건을 팔면 좋을까? 형은 부족한 게 없어?"

"부족한 거? 난 그런 거 몰라. 봐, 나의 아름다운 깃털만 봐도 배가 부르고 행복하지 않니?"

공작새는 다시 한번 깃털을 뽐내며 우아하게 한 바퀴 돌았어요.

"응, 근데 저건 뭐야? 아름다운 깃털에 이상한 점들이 있는 걸."

보오는 공작새의 깃털 군데군데 있는 이상한 점들을 발견했어요.

"뭐, 점이라고? 그게 무슨 소리야. 꺅! 이놈의 쇠파리들. 내가 미쳐. 내 아름다운 깃털에 쇠파리라니…. 맙소사."

공작새는 깃털에 붙은 쇠파리에 정신 팔려 보오에게 질문에 대답을 해주지 않았어요. 보오는 실망하여 어깨를 축 늘어뜨렸지요. 그런데 저기 강가에서 물소 두 마리가 티격태격하고 있지 않겠어요?

"이것 봐. 이쪽 오른쪽 궁둥이에 쇠파리가 있잖아. 도대체 넌 뭘 하고 있는 거야?"

"무슨 소리야. 나는 열심히 파리 떼를 쫓았다고. 자, 이젠 내가 물을 마실 차례야."

"안돼, 나는 아직 물을 다 마시지 않았어."

보오는 물소에게 물었어요.

"물소야 왜 그러니?"

"보오구나. 글쎄 파리 떼 때문에 물을 마실 수가 없지 뭐야. 그래서 서로 파리 떼를 쫓아 주기로 했거든. 그런데 이 녀석이 파리 떼는 안 쫓고 딴청만 부리지 뭐야."

"아니야. 이 녀석이 자기만 배가 터지도록 물을 마시고 내 차례가 되니까 생트집을 잡는 거라고."

성이 난 물소들은 머리를 맞대고 싸우기 시작했어요. 이 때 보오에게 반짝하고 아이디어가 떠올랐어요.

'그래 모두들 파리 떼 때문에 고생하고 있구나. 그러면 파리 떼를 쫓을 수 있는 파리채를 만들면 어떨까?'

보오는 서둘러 여러 종류의 파리채를 만들었어요. 그러자 안 그래도 파리떼 때문에 고생하던 동물들은 파리채를 사러 보오에게 몰려들었지요. 결국 보오는 바랐던 대로 큰 부자가 되었어요.

풍덩! 이야기 속으로

보오가 파리채 대신 머리핀이나 옷을 만들어 팔았다면 어떻게 되었을까요? 아마 큰 부자가 될 수 없었을 거예요. 따라서 물건을 잘 팔려면 사람들에게 꼭 필요한 물건이 무엇인지 먼저 고민해야 합니다. 사람들이 필요로 하고, 많이 찾는 물건은 가격이 올라가기 때문이지요. 만약 사람들이 원하지 않는 물건을 만든다면 어떻게 될까요? 아마 아무도 사려하지 않아서 가격이 떨어지고, 그런 물건을 계속 생산하는 기업은 문을 닫게 될 거예요.

여기서 잠깐!

수요(demand)란 시장에 나타나는 상품에 대하여 대가를 지불하고 그것을 구입하려고 하는 욕망을 말합니다. 대개 수요자들은 가격이 떨어지면 물건을 더 많이 사려고 하고 가격이 오르면 더 적게 사려고 하지요. 한편 공급(supply)이란 교환이나 판매를 하기 위하여 시장에 상품을 제공하는 것을 말합니다. 공급자들은 수요자들과 달리 가격이 올라가면 더 많은 상품을 생산하여 팔려고 하고, 가격이 떨어지면 더 적게 생산하려고 합니다. 이처럼 자유 시장에서 시장가격은 상품에 대한 수요와 공급에 따라 조정되는데, 이를 수요공급의 법칙(law of demand and supply)라고 한답니다.

 쉽게 읽는 경제학

　수요란 소비자들이 일정 기간에 주어진 가격을 치르고 사고자하는 재화의 수량을 말합니다. 수요에 영향을 주는 요인에는 여러 가지가 있는데, 그 중 재화의 가격 변동이 대표적이지요. 예를 들어 연필 한 자루의 가격이 100원에서 120원으로 오르면 사람들은 연필을 덜 사겠지요? 반대로 100원에서 80원으로 연필 가격이 떨어지면 연필을 더 사려고 할 것입니다. 이와 같이 재화의 가격이 오르면 수요량이 줄고, 가격이 내려가면 수요량이 느는 것을 수요의 법칙(law of demand)이라고 합니다. 한편 가격 외에도 수요에 영향을 주는 요인에는 여러 가지가 있지요.

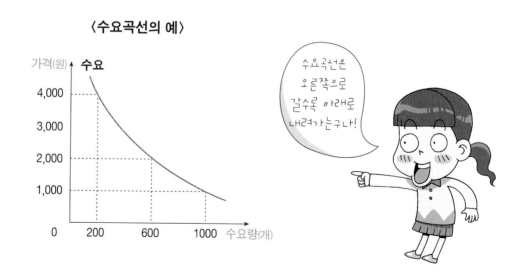

〈수요곡선의 예〉

우선 사람들의 소득이 있습니다. 만일 엄마가 용돈을 줄인다면 어떻게 될까요? 아마 돈이 부족해서 아이스크림을 평상시처럼 사 먹을 수가 없을 거예요. 결국 소득이 줄면 소비량을 줄여야 하는 것이지요.

그 다음 수요에 영향을 끼치는 요인으로는 연관되는 재화의 가격이 있습니다. 만약 아이스크림만큼 맛있는 얼린 요구르트의 가격이 떨어진다면 아이스크림 대신에 얼린 요구르트를 사먹으면 되겠지요? 자연스럽게 아이스크림에 대한 수요가 줄어드는 것이지요.

또한 소비자의 취향이 수요에 영향을 미치기도 합니다. 예를 들어 사람들이 아이스크림을 좋아하면 아이스크림에 대한 수요량이 늘어나지만 핫도그를 더 좋아한다면 아이스크림에 대한 수요는 줄어들게 됩니다.

마지막으로 소비자의 미래 기대가 현재의 수요에 영향을 미칠 수 있습니다. 무슨 이야기냐고요? 만약 내일부터 아이스크림 가격이 내린다고 생각해보세요. 그러면 오늘 아이스크림을 사먹는 것보다 내일 사먹는 게 더 이익이지 않겠어요? 결국 오늘은 아이스크림을 덜 사먹게 되는 것이지요.

한편 소비자에게 팔기 위해 생산자가 시장에 내놓은 재화의 양을 가리켜 공급(supply)이라고 합니다. 생산자는 시장을 잘 살펴봐야 해요. 사려는 사람보다 물건이 너무 많으면 값이 떨어지고 반대로 물건이 적으면 값이 오르거든요. 따라서 공급은 일정하게 정해져 있지 않아요. 생산자가 이익을 최대화하기 위해 시장 가격을 살펴보고 거기에 맞춰 공급량을 결정하기 때문이지요.

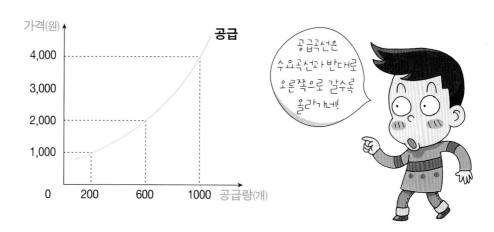

〈공급곡선의 예〉

공급곡선은 수요곡선과 반대로 오른쪽으로 갈수록 올라가네!

그럼 생산자는 어떤 기준으로 물건의 양을 조정할까요? 첫째, 물건의 가격에 따라 공급량을 결정합니다. 재화 값이 오르면 이득이 커지니까 생산자는 더 많이 팔려고 하고, 값이 떨어지면 손해를 보니까 만들지 않거나 만들어도 조금만 만들어 팔려고 하지요.

따라서 공급은 가격에 비례해요. 가격이 올라가면 공급량이 늘어나고, 가격이 떨어지면 공급량이 줄어드는 것이지요. 우리는 이것을 공급의 법칙(law of supply)이라고 합니다.

둘째, 생산 요소의 가격에 따라 공급량이 결정돼요. 생산 요소란 그 물건을 만들기 위해 필요한 것들이에요. 예를 들어 빵을 만들기 위해 필요한 밀가루나 설탕 같은 재료들이나 빵 굽는 기계, 빵 만드는 사람 등을 의미하지요. 따라서 생산 요소의 가격이 오르면 재화를 생산하는 데 필요한 재료비가 많이 들어가니까 재화를 팔아서 생기는 이익이 줄어들어요. 그러면 생산자는 재화의 생산량을 줄이게 되지요. 반대로 생산 요소의 가격이 낮아지면 생산량을 늘리고요.

셋째, 생산 기술도 공급량을 결정해요. 사람이 빵을 만들 때보다 기계로 빵을 만들게 되면 짧은 시간에 더 많은 빵을 만들 수 있기 때문이지요.

넷째, 미래에 대한 기대도 생산량에 영향을 미칩니다. 예를 들어 앞으로 빵 가격이 더 오를 것이라고 예상되면 빵 만드는 사람은 현재의 생산량을 더 줄일 거예요. 왜냐고요? 값이 오른 다음에 많이 파는 게 더 이득이 되기 때문이지요.

이처럼 수요와 공급에 영향을 미치는 요인들은 다양합니다. 조금 어려운가요? 하지만 수요와 공급은 경제의 기본원리이기 때문에 잘 이해해두면 앞으로의 경제 공부가 한결 쉬워진답니다. 특히 그래프를 잘 익혀두면 많은 도움이 돼요.

그러면 그래프를 이용해 가격이 어떻게 결정되는지 살펴볼까요? 69쪽의 수요곡선 그래프를 한번 살펴봅시다. 가격이 떨어지면 수요량이 느니까 곡선이 오른쪽으로 가면서 내려오지요? 반면에 71쪽의 공급곡선은 가격이 오르면 공급량이 느니까 오른쪽으로 가면서 위로 올라갑니다. 그러면 이제 두 곡선을 합쳐봐요. 짠, 두 곡선이 서로 만나는 점이 생기지요? 바로 이 점이 시장에서 재화가 거래되는 가격을 의미한답니다.

〈가격결정의 예〉

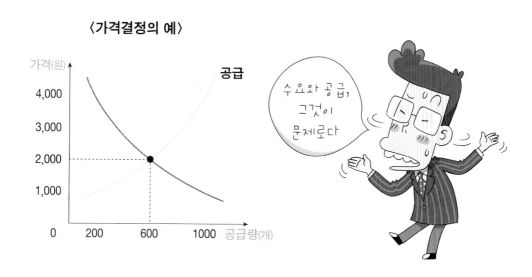

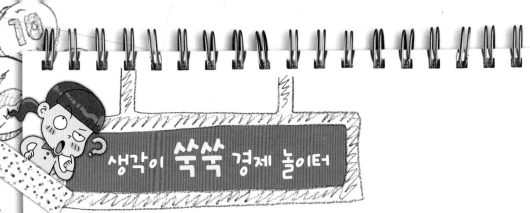

생각이 쑥쑥 경제 놀이터

경매놀이를 해 보아요.

❶ 놀이에 참여할 사람들이 각각 경매에 올릴 물건을 1~2개씩 가져옵니다.

❷ 경매 시작 전 미리 물건에 가격을 적절히 매겨 표시합니다.

❸ 각자 사고 싶은 물건을 2개 정해 다른 사람들이 모르게 메모지에 자신의 이름과 물건의 종류, 가격 등을 적고 사회자에게 제출합니다.

❹ 마지막으로 바둑알 또는 종이를 준비해 놀이에 사용할 화폐를 만들고, 각자 준비 자금을 똑같이 나눠 갖습니다.

❺ 사회자가 물건을 하나씩 경매에 부칩니다. 이 때 정해 놓은 가격보다 싸게는 살 수 없으며, 물건을 사려는 다른 사람보다 더 높은 가격을 제시해야 물건을 가질 수 있습니다.

❻ 모든 물건의 경매가 끝나면 메모지를 공개하고, 자신이 메모지에 적은 물건을 모두 갖게 되면 놀이에서 이기게 됩니다.

❼ 만약 물건 획득에 성공한 사람이 여러 명이면 남은 돈이 더 많은 사람이 이기게 됩니다.

경매란 가격이 정해진 물건을 구입하는 일반적인 경우와 달리 직접 자신이 물건의 가격을 정하는 방법입니다. 주로 농수산물이나 고가의 미술품 시장에서 물건을 사고팔 때 쓰이는 방법이지요.

놀이에서 이기려면 상대방이 어떤 물건을 갖고 싶어 하는지 알아채고 먼저 구입하는 것이 중요합니다. 왜냐하면 내가 사고자 하는 물건을 상대방도 사고자 한다면 경쟁이 일어나기 때문이지요. 이를 통해 공급될 물건이 정해져 있을 때 수요자가 많으면 가격이 올라가는 경제원리를 익힐 수 있습니다.

경제가 보이는 Quiz

다음 중 수요공급의 원리와 관련이 없는 속담은?

❶ 개똥도 약에 쓰려면 귀하다.

❷ 흉년의 떡도 많이 나면 싸다.

❸ 자식도 많으면 천하다.

❹ 가격을 모르면 금새 보고 사라.

해설: ❶은 흔해 빠진 물건도 찾는 사람이 많아지면 귀해지고 값이 비싸진다는 말로 수요의 증가와 관련된 속담이라 할 수 있습니다. ❷와 ❸은 흉년에 떡이나 자식이란 것은 매우 소중한 것이지만 그것조차 숫자가 많아지면 천해지고 가격이 떨어진다는 뜻으로 공급의 증가와 관련된 속담입니다. 이에 반해 ❹는 가격과 관련된 것이므로 정답은 ❹번이에요.

보이지 않는 손 가격

 재래시장에 가면 볼거리가 많아요.

여러분은 엄마를 따라 재래시장에 가본 적이 있나요? 재래시장은 대형 마트와 달리 길가에 가게가 죽 늘어서 있지요. 또 아저씨들이 여기저기서 생선이나 야채 등을 팔면서 손님들을 부르기도 합니다. 그리고 재래시장에 가면 마트와 달리 물건의 가격을 깎을 수도 있어요. 때로는 물건을 파는 아주머니가 '덤'이라는 것을 주기도 하지요.

재래시장은 아주 오래 전부터 있어 왔던 시장의 형태로, 자세히 살펴보면 여러 가지 경제원리를 잘 배울 수 있습니다. 특히 가격이 시장에서 하는 역할에 대해서 알 수 있지요.

 동물 가게의 가격 파괴

동물들이 모여 이야기합니다.

"다음 달에 체육대회가 열린다고? 어떤 경기들이 열릴까? 참 재미있겠는 걸!"

"긴 줄타기, 큰 바위 들어올리기, 높은 나무에 올라가기, 빨리 달리기…. 음, 또 뭐가 있을까? 그런데 체육대회 때 옷은 뭘 입고 가지? 친구들도 많이 올 텐데…."

"그러게. 아, 그래! 우리 말 나온 김에 체육복 사러 가자."

다음 달 열릴 체육대회 이야기를 하다 동물들은 우르르 옷가게로 몰려갔어요. 멋있고 예쁜 체육복을 사기 위해서였지요. 이 때 '멋지다 체육복' 가게 주인 코끼리 아저씨가 큰 소리로 옷을 팔기 시작했어요.

"멋진 체육복, 싸게 팔아요. 한 벌에 만 원! 알록달록 꽃무늬 체육복도 있어요!"

화통을 삶아 먹은 듯한 코끼리 아저씨의 목소리가 온 동네에 쩌렁쩌렁 울렸답니다. 코끼리 아저씨는 현수막까지 붙여 놓고, 동물 손님들을 모으기 시작했어요. 코끼리 아저씨의 소리를 들은 동물들은 뽀얀 먼지를 일으키며 우르르 몰려들었지요.

"야, 멋지다! 엄마, 이걸로 사주세요. 그리고 엄마도 이걸로 사세요." 아기 토끼가 엄마 토끼에게 말했습니다.

"엄마, 저는 파란색 체육복이 좋아요. 그리고 아빠는 단풍색 체육복이 좋겠어요." 아기 사슴이 아빠에게 말했어요.

동물들은 앞 다투어 체육복을 입어보며 마음에 드는 것을 골라 사 갔어요. 그러자 옆집 '폼 난다 체육복' 가게를 경영하는 여우 아주머니는 속이 탔지요.

'어머! 우리 집에는 꽃무늬 체육복이나 단풍색 체육복은 없는데, 어떻게 하지? 이러다간 손님 다 뺏기겠네…. 그래, 그거다!'

꾀가 많은 여우 아줌마는 재빨리 가격표를 고쳤어요.

'입으면 끝내 주는 폼 난다 체육복! 폼 난다 체육복! 단돈 9,900원! 예쁜 손수건은 공짜!'

"체육복 한 벌에 9,900원! 예쁜 손수건은 공짜라고?"

눈치 빠른 다람쥐, 노루, 곰, 멧돼지 가족들이 100원이라도 아끼려고 여우 아줌마네 가게로 몰려왔습니다.

"엄마, 이 가게가 '멋지다 체육복' 가게보다 100원이나 싸요. 게다가 나에게 잘 맞는 걸요?" 아기 다람쥐가 말했어요.

"어머! 노루 아줌마도 오셨네요? 아기 노루에겐 저 옷이 좋겠어요." 곰 아줌마가 말했어요.

'아니 이게 어떻게 된 거야?'

손님들이 모두 옆 가게로 가자 코끼리 아저씨는 여우 아줌마네 가게를 훔쳐보았어요.

'뭐? 체육복 한 벌에 9,900원이라고? 거기에다 예쁜 손수건까지!'

코끼리 아저씨는 당장 가게로 돌아와 가격표를 다시 썼어요.

"파격 세일! 이보다 쌀 수는 없다! 체육복 한 벌에 8,900원! 거기다 하나 더! 꽃무늬 손수건을 덤으로 드립니다."

그러자 코끼리 아저씨네 가게에도 금세 손님들이 북적거렸어요. 이에 질세라 여우 아줌마도 8,900원으로 가격을 내렸지요. 결국 여우 아줌마와 코끼리 아저씨의 경쟁으로 동물들은 좋은 품질의 체육복을 싼값에 살 수 있었고, 두 가게의 서비스 역시 훨씬 좋아졌답니다.

풍덩! 이야기 속으로

이 이야기에서처럼 현실에서도 소비자들은 조금이라도 더 싼 가격, 더 좋은 품질, 더 나은 서비스를 찾아 여러 가지 정보 수집을 합니다. 생산자들 역시 코끼리 아저씨와 여우 아줌마처럼 조금이라도 더 많이 팔아 많은 이익을 남기려고 여러 가지 판매 전략을 짜게 되지요.

소비자들은 자신들의 예산에 맞추어 원하는 물건을 골라서 사려고 하므로 필요치 않거나 너무 비싸게 팔리는 물건은 시장에서 팔리지 않게 됩니다. 따라서 물건의 가격은 항상 사려는 사람과 팔려는 사람의 이익이 일치하는 곳에서 형성됩니다. 즉 사려는 사람이 많으면 가격이 올라가고 반대로 파는 물건이 많으면 가격이 떨어지는 것이지요.

여기서 잠깐!

시장(market)은 매일 또는 정기적으로 상인이 모여 상품 매매를 하는 장소를 말합니다. 시장의 거래활동은 가격을 통해 이루어지는데, 가격이 적절하게 형성되려면 생산자와 소비자 간에 정보가 원활하게 교환되어야 합니다. 예를 들어 품질이 낮은 상품이 있더라도 소비자가 그 사실을 알지 못한다면 낮은 품질의 상품을 높은 가격에 사게 될 수도 있는 것이지요. 하지만 경제학에서는 기본적으로 소비자와 생산자 모두 같은 정보를 가지고 있다는 가정을 한답니다.

쉽게 읽는 경제학

옛날 사람들은 필요한 물건을 서로 바꿔 쓰는 물물교환을 했습니다. 그런데 각자 물건을 바꾸고 싶은 때가 다 달랐기 때문에 사람들은 정해진 날짜와 정해진 장소에서 만나 물건을 바꾸기로 약속해야 했지요. 그리고 바로 이 장소가 시장으로 발전하게 됩니다.

시장은 수요와 공급에 따라 형성된 가격으로 수요자와 공급자들 사이에 거래가 이루어지는 장소입니다. 또한 사람과 사람, 사람과 물자가 만나는 곳이지요.

한편 시장에서의 거래는 생산자와 소비자 양쪽 모두가 교환을 원할 때에만 이루어집니다. 즉 어느 한쪽이라도 교환하길 원하지 않으면 거래가 이루어지지 않는 것이지요. 그래서 경제학에서는 이를 가리켜 자발적 교환(voluntary exchange)이라고 부르기도 합니다.

그러면 거래를 위해서는 교환을 원하는 사람을 일일이 찾아다녀야 할까요? 물론 오래 전에는 그런 식으로 거래가 이루어졌습니다. 하지만 화폐가 발명되면서 자연스럽게 물건에 가격이 매겨지게 되었지요. 그래서 이제 사람들은 가격에 맞춰 물건을 사고팔 수 있게 되었습니다.

오늘은 엄마따라 시장에나 가볼까?

그러면 가격은 어떻게 정해질까요? 만약 여러분이 빵을 판다면 비싼 값으로 팔고 싶겠죠? 그래야 이득이 많이 남을 테니까요. 하지만 물건을 사려는 사람이 한 사람도 없다면 어떻게 될까요? 엄청난 이익은커녕 한 푼도 건질 수가 없을 거예요. 예를 들어 빵을 천 원에 파는 것보다는 십만 원에 파는 것이 얼핏 보면 이익으로 보입니다. 그러나 실제로 이렇게 빵을 파는 사람은 없어요. 왜일까요?

그것은 십만 원이나 주고 빵을 사려는 사람은 아무도 없기 때문이에요. 그러니 차라리 천 원에 파는 것이 더 낫지 않겠어요? 천 원이라면 빵을 사먹겠다는 사람들이 많기 때문이지요.

따라서 가격은 물건을 얼마나 생산해내야 할지, 어떤 물건을 생산해야 할지 알려주는 신호등 역할을 한다고 볼 수 있습니다. 사람들이 원하지 않는 물건은 만들어봐야 안 팔리거나 낮은 가격으로 팔리니 자연스레 생산을 줄이게 되기 때문이지요. 또 많은 사람들이 원하지만 생산을 많이 할 수 없는 물건들은 가격이 비싸져서 그 물건을 정말 많이 원하는 사람들만이 가질 수 있게 되지요. 결국 가격은 자원을 사람들에게 자연스럽게 배분하는 역할도 하는 것이지요.

보이지 않는 손(invisible hand)의 마술!

시장에서는 수많은 수요자와 공급자가 제각각 자기 자신만의 이익을 추구하는데도 왜 혼란보다는 효율을 가져올까요? 경제학의 아버지 애덤 스미스*Adam Smith*는 그것을 보이지 않는 손(invisible hand)의 힘, 즉 시장과 가격의 힘 때문이라고 다음과 같이 강조했습니다.

"인간은 늘 다른 사람에게서 도움을 받아야 한다. 그러나 다른 사람의 호의에만 의존하는 것은 헛된 일이다. 다른 사람의 이기심을 자기에게 유익한 방향으로 유도할 수 있고, 그가 원하는 것을 해주는 것이 그들에게도 이롭다는 사실을 보여줄 수 있다면, 그 사람은 더 유리한 입장에 서게 될 것이다. …… 푸줏간 주인, 양조장 주인, 빵 굽는 사람들의 호의 때문에 우리가 오늘 저녁을 먹는 것이 아니라, 그들은 자신의 이익을 위해 일하는 것이다. 각 개인은 공공의 이익을 높일 의도도 없고, 그가 얼마나 공익을 높이고 있는지도 모른다. …… 각 개인은 자신들의 개인적 이익만을 추구하고 있고, 그 과정에서 그들이 의도하지 않은 어떤 목적을 달성하기 위해 다른 많은 경우에서처럼 '보이지 않는 손 (invisible hand)'에 의해 인도되고 있다. 그렇지만 각 개인이 그 목적달성을 의도하지 않았다고 해서 사회적으로 불리하지도 않다. 각 개인은 자신들이 의도적으로 사회의 공익을 증진하려고 노력하는 경우보다, 자신들이 사적 이익을 추구하는 과정에서 사회적 공익을 더 효과적으로 증진하는 경우가 많다."

▲애덤 스미스

경제가 보이는 Quiz

다음 중 가격에 대한 설명이 아닌 것은?

❶ 애덤 스미스는 가격을 '보이지 않는 손'이라 말했다.

❷ 가격은 수요와 공급에 의해서 결정된다.

❸ 생산자는 물건의 가격이 높아지면 생산량을 줄인다.

❹ 가격은 물건을 얼마나 생산해내야 할지 알려주는 신호등 역할을 한다.

해설: 정답 ❸. 생산자는 물건을 비싸게 팔수록 이익이기 때문에 가격이 오르면 생산량을 늘립니다. 반면에 수요자는 가격이 오를수록 물건의 구입량을 줄이지요. 이처럼 가격은 시장의 수요량과 공급량을 보이지 않게 조정하기 때문에 아담 스미스는 가격을 '보이지 않는 손'에 비유했답니다.

CHAPTER 08

가격에도 탄력성이 있대요

 같은 물건이라도 마트와
동네 가게는 가격이 달라요.

마트에 가면 다음과 같은 문구를 볼 수 있습니다. '다른 곳에서 이보다 싼 가격에 판다면 산 가격에 두 배를 돌려 드립니다.' 이처럼 마트에서는 휴지나 식용유, 과자 등을 모두 묶어서 싼 가격에 팝니다.

그러면 동네 가게에서 물건을 사는 것이 마트에서 사는 것보다 손해일까요? 꼭 그렇지만은 않습니다. 보통 마트는 집에서 멀리 떨어져 있기 때문에 물건이 급하게 필요할 때는 동네 가게에서 사는 것이 낫지요. 또 마트는 물건을 묶어서 팔기 때문에 물건이 조금만 필요할 때는 가게에서 구입하는 것이 더 경제적이랍니다. 그래서 싼 가격에 물건을 사려는 사람은 마트로, 꼭 필요한 물건을 급하게 사야 하는 사람은 동네 가게로 가지요.

 당근 파는 할머니의 지혜

옛날 어느 마을에 할머니와 어린 손녀가 함께 살고 있었습니다. 그러던 어느 날 할머니가 애지중지하던 손녀가 아프기 시작했어요.

"아이고, 아가야. 이마가 불덩이구나!"

"할머니, 전 괜찮아요. 조금 있으면 나아질 거예요."

하지만 할머니의 극진한 보살핌에도 손녀의 병은 나을 기미가 안 보였습니다. 너무나 걱정이 된 할머니는 의원을 불렀어요.

"이런, 손녀가 심하게 아프군요. 다행히 손녀의 병을 고칠 수 있는 약이 있긴 합니다만…."

"잘 됐군요. 그럼 빨리 약을 지어주세요. 의원님!"

"그게…. 약을 지으려면 돈이 많이 필요합니다."

할머니는 큰 고민에 빠졌어요. 손녀의 약값을 구해야 하는데, 가진 돈은 얼마 없었기 때문이지요. 손녀의 병은 깊어가고, 할머니의 마음은 조급해졌습니다.

'아, 그래. 당근을 평소보다 비싸게 파는 거야. 그러면 손녀의 약 값을 마련할 수 있겠지.'

그러나 할머니의 예상과는 달리 당근은 잘 팔리지 않았어요. 손녀 딸이 아프다고 아무리 사정을 해도 마음 착한 몇몇 사람들만 살 뿐 모두 고개를 저으며 지나쳤지요.

"저렇게 비싼 걸 누가 사 먹나! 쯧쯧쯧."

마을 사람들은 수군거렸어요.

'어떻게 하면 좋을까?' 할머니는 한동안 고민을 하다 한 가지 좋은 방법을 생각해냈어요.

'맞아, 맞아. 당근을 두 개씩 묶어서 팔면서 값을 조금 내리면 사람들이 싸다고 사 갈 거야! 내가 왜 진작 그런 생각을 못 했지?'

할머니의 생각이 옳았어요. 두 개씩 묶어 싼 값으로 당근을 내놓자 사람들이 마구마구 사 가기 시작한 것이지요. 결국 할머니는 당근 값을 내린 지 3일 만에 약값을 마련할 수 있었고, 약으로 손녀의 병을 깨끗이 치료했답니다. 남아 있던 당근도 모두 팔게 되었고요.

'아니, 이상하단 말이야! 분명히 싸게 팔았는데 이익은 더 많이 남았으니…. 당근 값을 비싸게 매기면 사람들이 적게 사가니, 결국 싸게 많이 파는 것이 이익인 셈이로군. 또 비싸게 팔 때는 팔리지 않아 썩어서 내버리는 당근도 많았는데, 싸게 많이 파니까 썩어서 내버리는 당근도 없고 말이야. 더구나 빨리 팔면 집에 들어가서 손녀와 이야기를 나눌 수도 있으니 일석이조로구나. 다음부터는 무나 배추도 이렇게 팔아야지.'

당근 장사를 통해 지혜를 얻은 할머니는 다른 야채들도 싸게 많이 팔았답니다. 이후 할머니는 돈을 많이 벌어, 손녀와 함께 오래도록 행복하게 살았답니다.

풍덩! 이야기 속으로

처음에 할머니는 당근을 무조건 비싼 값에 파는 것이 자신에게 이익이 된다고 생각했어요. 그런데 정작 비싸게 파니 사람들이 잘 사 가지 않았지요. 그래서 할머니는 당근을 두 개씩 묶어 팔면서 값을 낮추게 됩니다. 그러자 사람들이 당근을 사기 위해 몰려들었고, 할머니는 많은 이익을 남길 수 있었지요.

사람들은 가격이 낮아지면 재화를 많이 사고, 반대로 가격이 높아지면 덜 사려고 합니다. 이처럼 가격에 따라 사람들의 수요량이 변하는 것을 가격 탄력성(price elasticity of demand)이라고 하지요. 따라서 경제학에서는 가격에 따라 수요 변동량이 커지는 경우에 '가격 탄력성이 크다'고 표현한답니다.

여기서 잠깐!

탄력성이란 어떤 물체가 외부에 힘을 받았을 때 튀기는 성질을 의미해요. 경제학에서는 **가격 탄력성, 소득 탄력성**이라는 말을 쓰는데, 이는 가격이나 소득 변화에 따른 수요량의 변화를 나타낸답니다. 예를 들어 '가격 탄력성이 크다'면 가격이 내릴 때 물건을 구매하는 사람들의 수가 많이 늘어난다는 것을 의미하지요.

따라서 가격 탄력성이 큰 상품의 경우 생산자는 가격을 내려 물건 한 개당 얻는 이익을 줄이는 대신 많은 물건을 팔아 전체 이익을 올리려합니다. 이익을 적게 보는 대신 물건을 많이 판다는 의미의 **박리다매**(薄利多賣)라는 말에서도 이러한 경제원리를 확인할 수 있지요.

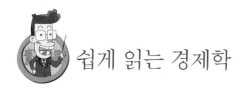 쉽게 읽는 경제학

수요의 가격 탄력성(price elasticity of demand)이란 무엇일까요? 이는 어떤 재화의 가격 변동에 따라 소비자들이 수요량을 늘리거나 줄이는 정도를 말해요. 이 때 수요량이 크게 변하면 '가격 탄력성이 크다'고 이야기 하고, 수요량 변화가 적으면 '가격 탄력성이 작다'고 이야기한답니다. 그러면 구체적으로 가격 탄력성을 계산해볼까요?

어떤 사람이 찹쌀떡을 한 개에 100원일 때 100개를 샀다고 가정해 봅시다. 그런데 찹쌀떡의 가격이 90원으로 떨어지면 찹쌀떡을 120개 산다고 생각해봐요. 그럼 이 사람의 가격 탄력성은 얼마일까요?

가격 탄력성은 다음과 같은 방법으로 구할 수 있습니다.

$$\text{가격 탄력성} = \frac{\text{수요량 변화율}}{\text{가격 변화율}} = \frac{20\%(\text{증가})}{10\%(\text{감소})} = 2$$

먼저 가격 변화율을 먼저 구해볼게요. 한 개에 100원하던 찹쌀떡 가격이 90원으로 내렸으니 결국 10원이 싸진 거지요? 그러면 10/100 만큼 싸진 거니까 퍼센트(%)로 나타내면 10% 감소한 것이지요.

그러면 이번에는 수요량의 변화율을 구해 볼게요. 찹쌀떡 가격이 100원일 때 100개를 샀는데, 가격이 내리니 120개를 샀다고 했지요? 그렇다면 가격이 내린 후 찹쌀떡 20개를 더 산 셈이지요. 퍼센트로 나타내면 20/100 만큼 더 산 것이니까 수요량은 20% 늘어났다는 것을 알 수 있어요.

그러면 구한 값을 앞쪽의 식에 대입해 봅시다. 어때요, 탄력성이 2인 것을 알 수 있지요? 경제학에서는 탄력성이 1이상이면 '탄력성이 크다'라고 말합니다. 탄력적인 상품은 가격이 싸지면 수요량이 많이 늘어나는 한편 가격이 비싸지면 수요량이 많이 줄어드는 성질을 가지고 있습니다. 주로 보석 같은 사치성 재화가 이에 해당하지요. 반면 생활에 꼭 필요한 쌀이나 약품 같은 물건들은 대개 가격 탄력성이 작

습니다. 물건값이 싸지든 비싸지든지 필요한 물건의 양은 정해져 있기 때문이지요.

한편 물건뿐 아니라 개인의 소비성향에 따라 가격 탄력성이 다르게 나타나기도 합니다. 예를 들어 백화점에서 가격 인하를 할 때 달려가 많은 물건을 사는 사람은 탄력적이라고 할 수 있겠지요. 반면에 가격 인하와 상관없이 꼭 필요한 양의 물건만 사는 사람은 비탄력적인 사람이라고 할 수 있지요.

이 밖에도 소득에 따른 수요량의 변화를 나타내는

소득 탄력성이라는 개념도 있습니다. 이것은 사람들이 구입하는 물건의 양이 소득과 어떤 관련이 있는지 알려주는 성질을 의미합니다. 예를 들어 소득 탄력성이 2라고 가정해 봅시다. 이것이 의미하는 것은 다음과 같습니다. 즉 소득이 1% 늘어날 때 수요량은 2% 늘어난다는 것이지요. 용돈이 오르자마자 물건을 마구 구입하는 사람이라면 소득 탄력성이 크다고 할 수 있지요.

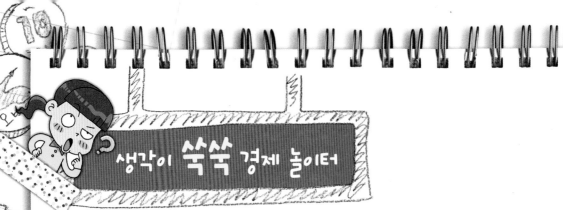

엿장수 타령을 부르며 엿장수 놀이를 해 보아요.

'상주 엿장수 타령' (『한국민요대전-경상북도민요해설집』, MBC, 1995, p.344.)

어 엿장사 왔어요 엿장사

싸구리(싸구려) 싸구리 엿장사

어딜 가마 거져 주나

울렁도(울릉도) 호박엿/ 강원도는 감자엿

경기도는 찹쌀엿/ 전라도는 밀가루 엿

경상도는 보리엿/ 이엿 저엿이 좋다 해도

경상도 땅에 보리엿이 좋구나

'홍성 엿장수 타령' (『한국민요대전-충청남도민요해설집』), MBC, 1995, p.501)

자 자 자 굵은 엿이야/ 헐찍 헐찍 파는 엿

산골 큰 아기 풋나물 먹듯이/ 부잣집 메누리(며느리) 개밥을 주듯이

뭉텅 뭉텅 주는 엿

말만 들었지 잡수를 봤소/기름만 졸졸 나온다

자 자 자 굵은 엿이야/ 헐찍 헐찍 파는 엿…

위의 '엿장수 타령'에서 볼 수 있듯이 마땅한 먹거리가 적었던 시절 엿장
수는 도시와 농촌을 불문하고 적절한 먹거리를 제공하였습니다. '싸구리
엿', '헐찍 헐찍 파는 엿', '뭉텅 뭉텅 주는 엿'과 같은 대목에서 가장 낮
은 가격에 최고 품질의 엿을 팔아 판매량의 극대화를 추구하려는 엿장수
의 전략을 엿볼 수 있지요. 동시에 엿장수의 흥겨운 가락은 엿을 사고 싶
게끔 만드는 역할도 했겠지요?

'가격 파괴', '폭탄 세일', '박리다매', '싸구리 엿' 등에서 연상
할 수 있는 경제 원리는 다음 중 어느 것일까요?

❶ 희소성의 원리

❷ 기회비용의 원리

❸ 수요의 가격 탄력성 원리

❹ 가격차별의 원리

해설: 문제에서 제시한 용어들은 모두 가격을 낮추고 판매량을 늘려 이익을
많이 얻으려는 경제원리가 담겨 있어요. 따라서 가격에 따른 수요량의 변화를
나타내는 ❸번 '수요의 가격탄력성 원리'를 연상할 수 있지요.

CHAPTER 06

행복의 비결, 합리적 소비

 왜 엄마는 시장에서 물건을 살 때,
아빠는 자동차를 살 때 망설이실까?

'열 번 재고 가위질은 한 번 하라' 는 속담을 들어본 적 있나요? 이는 옷감 같은 것을 사고 팔 때 한 번 잘라 버리면 되돌릴 수 없으므로 자르기 전에 열 번은 재어 봐야 한다는 말을 의미합니다. 자칫 치수를 잘못 재면 옷감을 파는 사람이나 사는 사람 모두 손해를 볼 수 있기 때문이지요.

돈을 가지고 물건을 살 때도 마찬가지예요. 아무리 사고 싶은 물건이 많아도 쓸 수 있는 돈은 정해져 있기 때문에 예산에 맞춰 꼭 필요한 물건을 사도록 하고, 한번 물건을 살 때는 꼼꼼히 살펴보는 것이 중요하지요. 그러한 이유로 엄마와 아빠가 물건을 살 때 매번 고민을 하는 거예요. 그러면 여러분은 주어진 용돈을 가장 합리적으로 사용하기 위해 어떻게 해야 할까요?

 인조대왕과 도루묵

17세기 후금이 쳐들어오자 인조대왕은 궁궐을 버리고 남한산성으로 피난을 갔습니다. 당시에는 지금의 중국 땅에 명(明)이라는 나라가 있었는데, 후금이라는 새로운 나라가 들어서면서 우리나라를 자신들의 신하나라로 삼으려고 했답니다. 그런데 우리나라가 이를 거절하자 후금이 전쟁을 일으킨 것이지요. 후세 사람들은 이 전쟁을 병자(丙子)년에 일어난 오랑캐(胡:호)의 난이라는 뜻에서 '병자호란'이라 불렀습니다.

나라 전체가 전쟁을 치르고 있는 상황이라 임금님이 계신 남한산성에도 먹을 것이 부족했지요. 그래서 임금님은 궁궐에 있을 때 먹었던 고기나 생선을 잡수시기가 매우 어려웠답니다.

그러던 어느 날 임금님이 변변치 않은 음식을 드시는 것을 지켜보던 신하 한 사람이 생선을 한 마리 구해 오기로 마음먹었습니다. 그래서 신하는 적군의 눈을 피해 성 밖을 나가 '묵'이라는 생선을 잡아와 임금님의 수라상에 올렸지요. 원래 묵은 별 맛이 없는 물고기로 일반 백성들이나 먹는 평범한 음식이었습니다. 하지만 '시장이 반찬'인지라 임금님은 순식간에 묵을 다 먹어 치웠지요.

"이 고기 맛이야말로 천하에 제일이로다! 이름이 무엇인고?"

"묵이라고 하옵니다. 대왕마마!"

"이렇게 맛있는 고기를 그런 평범한 이름으로 불러서야 쓰겠느냐? 더 좋은 이름을 짓도록 하여라."

신하들은 여러 가지 궁리 끝에 맛이 좋아 임금님을 기쁘게 했다는 뜻을 담아 '충미어(忠美魚)'라고 지었습니다.

"대왕마마! 그 물고기를 충미어라 부르는 것이 어떨까 하옵니다."

"충미어라고? 그것 참 멋진 이름이로다. 앞으로는 그 고기를 충미 어라고 부르도록 하여라."

그 후 세월이 지나 난리는 끝이 났고, 임금님은 무사히 궁궐로 돌 아오게 되었습니다. 그리고 이전처럼 날마다 맛있는 음식을 드실 수 있었지요.

그러던 어느 날 임금님은 피난 때 먹었던 충미어가 문득 생각났어 요. 임금님은 곧장 신하를 불러 명령했어요.

"여봐라, 내가 난리 때 남한산성에 가서 먹었던 충미어를 잡아오도 록 하여라."

신하들은 서둘러 충미어를 잡아왔습니다. 그리고는 온갖 양념을 넣어 정성껏 요리해 임금님의 수라상에 올렸지요.

"대왕마마, 충미어 요리이옵니다. 마음껏 드시옵소서."

"오! 이게 바로 충미어구나. 어디 한번 먹어볼까? 음, 역시 일품이로구나!"

매우 맛있게 충미어를 드시는 임금님을 지켜본 신하는 어부에게 충미어를 더 많이 잡아오도록 시켰어요. 그리하여 이튿날도, 그 다음 날도 며칠간 연이어 식사 때마다 빠뜨리지 않고 충미어가 수라상에 올라갔지요. 그러자 임금님이 충미어를 드시는 양은 점점 줄어들기 시작했습니다.

그렇게 일주일째 되던 날 임금님은 충미어를 또 한 점 들고난 후 이맛살을 찌푸리면서 호통을 쳤어요.

"왜 이렇게 고기가 맛이 없느냐? 이 고기 이름이 무엇인고?"

얼굴이 파랗게 질린 신하는 기어들어가는 목소리로 말했지요.

"예. 충미어라고 하옵니다."

"뭐라? 이렇게 맛없는 고기에게 충미어라는 귀한 이름을 붙인단 말이냐? 그 이름이 아깝구나! 옛날 이름대로 부르도록 하라!"

그날 이후 충미어는 '묵'이라는 이름으로 돌아가게 되었고, 후세 사람들은 도로 '묵'이 되었다 하여 생선을 '도루묵'이라고 불렀답니다.

풍덩! 이야기 속으로

맞아, 맛있는 피자도 너무 많이 먹으면 느끼하던데…

인조대왕은 난리 중이라 맛있는 음식들을 많이 먹을 수가 없었습니다. 그래서 배가 매우 고팠을 때 먹은 '묵'이 매우 맛있을 수밖에 없었지요. 하지만 난리가 끝난 후 '충미어'를 매일 끼니때마다 먹으니 점점 맛이 없어지고 나중에는 질리게 되었지요.

이처럼 처음 소비할 때는 만족도가 높았던 재화도 계속 소비하면 만족도가 떨어지게 되지요. 따라서 물건을 구입할 때는 만족도가 높은 것 그리고 다양한 것들을 구입하는 것이 바람직하지요.

여기서 잠깐!

어떤 재화를 소비할 때 얻게 되는 만족감을 경제학에서는 **효용**이라고 표현합니다. 특히 어떤 재화를 소비하고 추가로 같은 재화를 소비할 때 느끼는 만족감을 한계효용이라 하는데, **한계효용**은 점점 줄어드는 게 일반적입니다. 아무리 맛있는 음식도 계속 먹으면 만족감이 떨어지는 것과 같은 이치지요. 참고로 경제학에서는 이를 **한계 효용체감의 법칙**이라고 부른답니다.

 쉽게 읽는 경제학

소비자들은 어떤 재화나 서비스를 구매하려고 할 때 높은 만족을 얻기 위해 노력하지요. 예를 들어 주어진 돈 700원으로 같은 가격의 아이스크림이나 음료수를 사먹어야 한다면 여러분은 어떻게 하는 것이 좋을까요? 아마 아이스크림을 먹는 게 기분이 좋을지 음료수를 마시는 게 좋을지 생각해 봐야겠지요?

이처럼 주어진 예산 내에서 구입할 수 있는 상품으로부터 얼마만큼의 만족감을 얻을지 고민하는 것이야말로 합리적 소비의 시작입니다.

또 이런 경우는 어떨까요? 돈 1,000원이 있는데 아이스크림은 700 원이고 음료수는 500원이라면요. 아이스크림이 음료수보다 200원 비싸지만 200원을 더 주어도 음료수보다 만족감이 더 크다면 아이스크림을 사먹는 게 바람직하지요. 하지만 어떤 사람은 아이스크림을 음료수보다 더 좋아하더라도 아이스크림 1개보다 음료수 2개를 마시는 것이 더 만족스러울 수 있겠지요.

이처럼 재화를 소비하는 데 자신의 주관적인 만족감은 중요한 기준이 됩니다. 결국 합리적 소비란 주어진 돈으로 자신에게 가장 만족감을 주는 재화를 선택하는 것이라 할 수 있지요.

예를 들어 돈 만 원을 가지고 있는 것보다 책을 가지는 것이 더 좋다면 만 원으로 책을 사는 것이 합리적 소비이지요.

그러면 여기서 합리적 소비를 잘하여 부자가 되는 방법을 살펴볼까요? 먼저 물건을 살 때는 그 물건이 내게 꼭 필요한 물건인지 또 그 물건을 사서 얼마만큼의 이익을 얻을지를 따져봐야 합니다. 물론 가지고 있는 예산을 벗어나지 않아야 하는 것은 당연하고요. 또 언제, 어디에서 사는 게 가장 유리한지 등 사고자 하는 물건에 대한 정보를 최대한 수집하는 것이 좋겠지요.

때때로 우리들은 꼭 필요한 물건은 아니지만 남들이 사니까 또 자랑하기 위해서 최신 유행상품을 사곤 합니다. 그렇지만 이러한 소비는 잠깐 동안은 기분을 좋게 할지 몰라도 우리의 삶을 오랫동안 행복하게 만들지는 못한답니다.

물 마시기 실험으로 배우는 한계원리

먼저 물이 든 큰 물병이나 물 주전자, 종이컵, 종이를 준비합니다. 그 다음 물이 든 큰 물병이나 물 주전자를 보여주고 목이 마른 사람이 있는지 물어봅니다. 이제 물을 마실 사람을 정했으면 실험을 시작합니다.

먼저 종이컵에 물을 채워볼까요? 그리고 정해진 사람은 컵에 든 물을 마십니다. 종이에는 마신 물 컵의 개수를 기록하기 위해 그래프를 그려요. 이때 가로에는 물컵의 개수 1~15까지 적습니다. 그리고 세로에는 물을

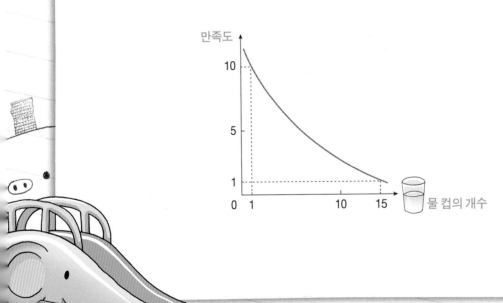

마실 때마다 느끼는 만족도를 0~10까지의 척도로 표시합니다.

예를 들어, 물을 마시는 사람이 첫 번째 컵의 물을 마신 후 매우 만족했으면 10을 기록하는 거예요. 두 번째로 물을 마셨을 때 만족스러웠으나 첫 번째보다 덜 만족했으면 8을 쓰는 식으로 점수를 매기지요. 아마 물을 더 마실수록 만족도는 10, 8, 6, 4, 2…로 감소하겠지요?

이를 통해 우리는 한계효용이 줄어드는 것을 알 수 있어요. 대부분의 물건에는 한계효용체감의 법칙이 적용되기 때문에 사람들은 어떤 재화를 좋아하더라도 그 재화만 무조건 많이 갖는 것보다는 다른 상품들도 함께 소비한답니다.

경제가 보이는 Quiz

다음 속담 중 한계 원리와 관계 없는 것은?

❶ 맛있는 음식도 늘 먹으면 싫다.

❷ 듣기 좋은 소리도 한두 번이지.

❸ 적게 먹으면 약주요, 많이 먹으면 망주다.

❹ 아주머니 떡도 싸야 사먹지.

해설: ❶, ❷, ❸은 한계효용체감의 법칙을 나타내는 속담들로 좋은 것들도 계속 접하다 보면 질리게 된다는 것을 의미합니다. 한편 ❹는 아는 사람이 파는 물건이라도 가격을 비교하고 물건을 산다는 뜻으로 합리적 소비를 나타내는 속담이라 볼 수 있습니다.

사치와 낭비는 곤란해요

비합리적 소비는 곤란해요.

'최신형 나비 모양의 머리핀이 예뻐 보여 5만 원을 주고 사긴 했는데, 몇 달간 용돈도 없이 지낼 일을 생각하니 걱정이야.', '최신 유행 옷! 멋진 탤런트가 걸친 목걸이와 팔찌를 갖고 싶어!'

여러분은 이런 생각 때문에 지금 당장 필요한 것도 아닌데, 그 물건을 사기 위해 한달 용돈을 모두 써버린 적은 없나요? 어른들 역시 이러한 고민을 하고, 때때로 옳지 않은 소비를 하기도 합니다. 그러면 이러한 소비가 경제적으로 왜 비합리적인지 알아보도록 할까요?

개 발에 편자! 돼지 목에 진주목걸이!

"얘, 멍멍아! 너 발에 신처럼 생긴 게 뭐니?"

"아, 이거. 편자라는 거야."

"뭐라고? 멍멍이 너에게 편자가 왜 필요하니? 편자란 말발굽이 닳는 것을 방지하게 위해 붙이는 쇳조각이잖아. 말들은 많은 짐을 실은 마차를 끌고 멀리까지 가야 하니까 말이야"

"꿀꿀이 너, 생각보다 똑똑하구나. 사실 말들이 편자를 신고 뚜벅뚜벅 걷는 모습이 매우 멋있어 보였거든. 그래서 나도 한번 신어 본 거야. 내 모습 어때? 멋있잖니?"

"멍멍아. 거울 앞에 가서 네 모습이 어떤지 살펴보렴. 그 편자는 너에겐 어울리지 않아. 그리고 너의 그런 모습을 보고 바로 '개 발에 편자'라고 하는 거야. 남들이 보면 꼴불견이라고 놀리겠다. 어서 벗어!"

"너 친구 사이에 말을 그렇게 심하게 해도 되는 거니? 너야말로 매일 돼지우리에서만 사니 바깥 세계에 대해선 깜깜하구나. 이게 요즘 유행하는 거라고! 그런데 꿀꿀아, 네 목이 걸린 게 뭐니?"

"음, 이거? 세상에서 가장 아름다운 진주목걸이라는 거야. 우리 아빠가 출장 가셨다가 사 오신 선물인데 정말 예쁘지 않니?"

"뭐, 진주목걸이라고? 짝달막한 네 목에 진주목걸이를 한들 네 목이 학처럼 길어진다니?"

"어머머, 얘 좀 봐. 너, 안목이 그 정도밖에 안 되는구나. 이 진주목걸이가 얼마나 비싼데, 이거 천연진주다, 너~"

"뭐라고? 진주가 아깝다! 돼지 목에 진주가 웬말이니?"

"얘, 넌 신문도 안 읽고 텔레비전 뉴스도 안 보니? 하루가 다르게 우리 꿀꿀이들의 몸값이 뛰고 있다고! 게다가 이 진주목걸이를 좀 봐. 은빛의 우아한 광택, 나에게 딱이잖니?"

"꿀꿀아, 진주목걸이를 한 네 모습을 거울로 직접 보렴. 거울 속의 네 모습을 보면 깜짝 놀라 자빠질 걸! 너에게 진주목걸이는 전혀 어울리지 않아. 바로 너의 그런 모습을 보고 '돼지 목에 진주목걸이'라고 하는 거야. 진주목걸이 품위 떨어진다. 어서 벗어!"

"애, 너하고는 수준이 맞지 않아 대화를 못하겠다. 잘 빠진 나의 다리, 아담한 나의 몸매, 통통한 나의 목, 세련된 나의 돼지털옷! 여기에 진주목걸이까지 둘렀으니 모든 동물들이 나를 보면 사귀자고 안달이 날걸…."

"꿀꿀아, 제발 주제파악이나 좀 해라. 너의 그런 우스꽝스런 모습을 보고 누가 사귀자고 하겠니? 꿈 깨라, 꿈!"

풍덩! 이야기 속으로

말들에게 편자는 잘 어울리는 물건일 뿐 아니라 먼길을 가는 데도 꼭 필요합니다. 하지만 개 발에는 애당초 편자가 필요치 않을 뿐만 아니라 몸집에 어울리지도 않지요. 돼지 목에 진주목걸이는 어떤가요? 매일 지저분한 우리에서 사는 돼지와는 역시 어울리지 않지요?

이처럼 자신에게 어울리지도 않는데 남들이 산다고 해서 또는 비싼 물건은 모두 자신을 돋보이게 할 것이라는 잘못된 생각을 가지고 물건을 사는 것은 좋지 않은 소비습관입니다.

경제학에서는 이를 비합리적 소비라고 부르지요. 주로 사치와 낭비가 이에 해당합니다.

사치(奢侈)란 자신의 소득 수준, 살림 형편, 신분 등에 맞지 않게 지나칠 정도로 겉치레에 치중하여 재물이나 시간을 헛되이 쓰는 것을 말합니다.

물론 이러한 사치와 낭비는 순간적인 즐거움을 줄 수 있을지 모릅니다. 그렇지만 그것으로 인해 겪게 될 경제적 고통은 즐거움의 수십 배에 해당하는 매우 긴 시간 동안 지속될 수도 있습니다. 그러므로 지혜로운 사람은 순간의 쾌락보다는 오랜 시간 동안의 행복을 생각해서 합리적 소비를 하려 노력한답니다.

 쉽게 읽는 경제학

현실에서 비합리적 소비를 하는 예에는 어떤 것들이 있을까요? 아마 외국 고급 명품 옷, 신발, 가방 등을 무조건 사는 여자, 부모님이 애써 번 돈을 흥청망청 쓰는 젊은이 같은 사람들의 소비가 대표적이겠지요. 또 새로 분양받은 아파트 내부를 다른 것으로 교체하거나 아직 쓸 만한 고급 가구를 단지 유행이 지났다는 이유로 버리는 일, 얼마

쓰지 않은 휴대전화를 최신 유행의 값비싼 휴대전화로 바꾸고, 또 금세 새 차로 바꾸는 것 등도 이에 해당합니다.

이처럼 비합리적 소비를 하는 사람들의 공통점은 물건의 쓰임새보다는 겉모습에 더 치중하고, 가격이 비싸고 남의 눈에 띌수록 좋은 물건이라고 생각한다는 것입니다. 하지만 자신에게 주어진 예산을 넘어선 소비는 개인뿐만 아니라 사회적으로도 큰 문제가 됩니다. 가지고 있는 돈은 적은데, 사고 싶은 것이 많으면 주변에서 돈을 빌리게 되기 때문이지요.

예를 들어 은행에서 돈을 빌리는 경우를 생각해 볼게요. 그러면 은행에서는 사람들의 신용에 따라 돈을 빌려 줍니다. 즉 돈을 갚을 능력은 있는지, 정해진 기간까지 갚을 수 있는 사람인지를 고려하여 빌려 주는 것이지요. 그런데 은행에서 돈을 자꾸 빌리기만 하고, 제 때에 갚지 못하는 사람은 신용이 점점 떨어지게 됩니다. 그러면 은행에서는 더 이상 그 사람에게 돈을 빌려 주지 않지요.

또한 돈을 빌려 준 다른 사람들도 그 사람을 더 이상 믿지 않게 됩니다. 그러므로 예산을 고려하지 않고, 돈을 빌려가며 소비하는 일을 반복하게 되면 결국에는 많은 사람들에게 신용을 잃고 맙니다.

사치와 낭비의 대명사 마리 앙투아네트

17세기 프랑스 왕 루이 14세는 '태양왕'이라는 별명을 얻을 정도로 권력
이 막강했습니다. 루이 14세 이전만 해도 귀족들과 왕의 권력은 서로 비
슷해서 왕권이 귀족들에게 위협당하곤 했습니다. 그런데 루이 14세가 즉
위하면서 프랑스는 몇 차례의 전쟁을 치렀고, 그 어느 때보다 왕이 절대
권력을 누리게 되었지요.

루이 14세는 자신의 권력을 이
웃나라에 과시하고 귀족들을
자신의 주변에 모으기 위해
베르사유 궁전을 지었습니
다. 베르사유 궁전은 프랑스
식민지와 농민들에게서 걷
은 막대한 세금으로 건설
된, 화려하고 사치스러운
건물로 유명하지요.

▲화려한 배르사유 궁전의 내부

이렇게 왕의 절대 권력이 강해진 이후 루이 15, 16세가 루이 14세의 뒤를 잇게 됩니다. 하지만 그들은 모두 국가 재정이나 국민들의 사정은 생각하지 않고, 사치스러운 생활을 일삼았지요. 특히 루이 16세의 부인, 마리 앙투아네트는 지금까지도 허영과 낭비의 대명사로 알려져 있습니다.

▲마리 앙투아네트

그녀는 오스트리아 여왕 마리아 테레지아의 막내딸로 루이 16세와 결혼했는데, 아름다운 외모로 명성이 높았습니다. 항상 궁정에서 파티를 열기 좋아하고, 보석과 옷을 사들이는 데 국민의 세금을 다 썼다고 하지요. 심지어 이런 얘기도 전해집니다. 국민들이 먹을 음식이 없어 시위를 벌일 때 마리 앙투아네트가 이렇게 말했다고 말이지요.

"빵이 없으면 케이크를 먹으면 되잖아?"

결국 왕과 귀족들의 사치 놀음에 고통 받던 국민들은 18세기에 혁명을 일으켰고, 국고를 낭비하고 혁명에 반대하였다는 이유로 루이 16세와 마리 앙투아네트를 처형하였습니다.

한 사람의 사치와 낭비가 국민을 힘들게 하고, 결국 자신까지 파괴했다니 참 무서운 일이지요? 이처럼 자신의 예산을 고려하지 않고, 불필요한 사

치와 낭비를 일삼는 행위는 주변 사람들의 미움을 받게 합니다. 그러므로 어떤 것을 소비할 때는 자신의 능력에 부치지는 않는지, 물건이 자신에게 반드시 필요한 것인지를 거듭 생각할 필요가 있습니다. 또한 함부로 돈을 빌리는 일도 삼가야겠지요.

다음 속담 중 사치나 낭비와 관계가 없는 것은?

❶ 마른 수건도 다시 짠다.

❷ 돼지우리에 주석자물쇠

❸ 조리에 옻칠한다.

❹ 개 발에 편자

해설: 정답 ❶. 마른 수건도 한 번 더 짜서 물기를 낸다는 뜻으로 '절약'을 강조한 속담입니다. 그 외에 ❷, ❸, ❹는 모두 자신과 어울리지 않은 사치스러운 일을 한다는 뜻으로 사치와 낭비를 강조한 속담들이지요.

CHAPTER 11

저축은 왜 해야 하나요?

 갑자기 많은 돈이 필요할 경우 어떻게 마련할까요?

여러분은 부모님이나 친척으로부터 용돈을 받으면 어떻게 하나요? 명품 신발, 최신 유행 옷, 새로 나온 휴대전화를 사나요? 아니면 은행에 가서 저축을 하나요?

대부분의 사람들은 돈이 생길 때마다 원하는 것을 사거나 먹고 싶어 합니다. 물론 정해진 예산 내에서 돈을 쓴다면 이렇게 하는 것은 개인의 자유예요. 하지만 갖고 싶은 것을 사느라 돈을 한 푼도 남겨두지 않고 다 써버린다면 나중에 돈이 꼭 필요한 일들이 생길 때 어려움을 겪을 수 있겠죠. 그래서 돈이 생기면 일부를 은행에 저축하는 것이 바람직합니다.

또 회사나 공장은 우리가 은행에 저축한 돈을 은행에서 빌려 생산에 필요한 기계나 토지를 삽니다. 그리고 거기서 얻은 수익 중 일부를 은행에 돌려주지요. 그러면 은행은 그 돈으로 저축을 한 우리에게 이자를 지급한답니다. 결국 저축을 하면 개인은 이자를 받을 수 있을 뿐 아니라 국가 전체의 경제를 살리는 데도 도움이 되는 것이지요.

 그 때 덜 쓰고 조금씩 모아 두었더라면

"아빠, 용돈 좀 주세요."

"무엇에 쓰려고?"

"반 친구들에게 피자나 떡볶이, 빵을 사주면 인기가 올라가요. 저도 매일 맛있는 것을 사먹고 싶고요. 오늘은 특별히 자장면을 사먹기로 했어요."

"그래? 하나밖에 없는 우리 아들 친구들에게 그 정도 못 사주겠니? 우리 동철이가 매일 맛있는 것도 먹고, 친구들한테 인기도 높아지면 아빠는 기분이 좋단다. 옛다, 친구들에게 팍팍 쓰도록 해라."

"와~ 우리 아빠 멋쟁이! 아빠 고마워요."

옆에 있던 엄마도 한 마디 거듭니다.

"여보! 다른 집들은 모두 일주일에 서너 번 이상 외식한다는데, 우리는 집에서만 식사를 하니 너무 힘들어요. 매일 반찬 만드는 것도 일이라고요. 우리도 맛있고, 비싼 것 좀 먹읍시다.

"그래요? 그럼 이번 주부터 이름난 외식 집을 번갈아 찾아다니도록 합시다. 이제 우리 가족도 다른 집처럼 화려하게 살지 뭐."

"겨우 외식 정도로요? 영희네는 이번에 멀티비전, 최신 냉장고, 최신 세탁기, 최신식 가구로 싹 바꾸었다고 하는데…. 우리 집은 모두 구닥다리들뿐이잖아요?"

"좋아요, 좋아! 돈이 좀 부족하긴 하지만 카드로 결제하면 되니 기분 좀 내면서 삽시다. 아이들의 기도 좀 살려주고…. 우리 가족도 품위 있게 살아야지. 자, 돈 걱정 말고 계속 팍팍 써요."

몇 달 후.

"여보, 이건 카드 연체 통지서 아니에요? 지난달에도 카드 대금이 연체됐다고 독촉장이 날아오더니 이번 달에도…."

"엄마, 큰일 났어요. 시골에 계신 할아버지께서 쓰러지셨다고 연락이 왔어요."

"여보, 친정 어머니께서 병원에 입원하셨대요. 우리가 병원비를 부담해야 하는데…."

"갑자기 이런 일이 일어나다니! 이런 일이 벌어질 줄은 상상도 못 했구려."

"아버님의 수술비와 친정어머니의 병원비를 빨리 마련해야 하는데 어쩌죠?"

"통장 좀 봅시다. 동철이 용돈에, 외식비, 냉장고, 세탁기 등등 쓰고 싶은 데다 돈을 다 썼더니 잔액이 0원이구려."

"그럼 돈이 한푼도 없단 말이에요? 그러면 아버님이랑 어머니는 어떻게 해요?"

"이럴 줄 알았다면 기분을 덜 내고 조금씩 돈을 모아 저축을 해두는 건데….."

풍덩! 이야기 속으로

이런, 동철이 가족에게 큰 일이 닥쳤네요. 친구들에게 인기를 얻으려는 동철이, 옆집보다 좋은 가구를 장만하고 싶어 한 엄마, 예산은 생각하지 않고 가족들에게 마구 돈을 주었던 아빠의 행동이 낳은 결과지요.

이렇게 소비와 충동구매에 익숙해지다 보면 한 푼 한 푼 절약해서 저축을 하는 것이 힘겹고 따분하게 생각됩니다. 하지만 충동적 구매나 경쟁적 소비는 순간적인 쾌락이나 잠깐의 즐거움을 안겨줄 수는 있지만 영원한 행복까지 보장해 주지는 않아요. 반면에 저축에는 미래의 꿈과 희망, 행복이 가득 담겨 있지요.

● 여기서 잠깐!

저축(貯蓄)이란 장래의 소비에 대비하는 행동으로 소득을 모두 소비하지 않고 일부를 금융기관에 쌓아두는 것을 말합니다. 경제학의 아버지 애덤 스미스는 자본을 증가시키려면 사치와 낭비를 줄이고 절약과 검소의 미덕을 지켜야 한다고 했습니다. 개인이나 국가와 같은 경제주체가 경제활동을 하려면 많은 자본이 필요한데, 이는 저축을 통해서 가능하기 때문이지요. 즉 저축은 개인, 사회, 국가 발전의 원동력이 되는 것입니다.

쉽게 읽는 경제학

'티끌 모아 태산'이라는 말을 들어보셨나요? 이는 아주 작은 먼지나 티끌이 모여 작은 언덕을 이루고, 이러한 작은 언덕들이 돌, 나무들과 어울려 태산, 즉 큰 산을 이룬다는 뜻이지요. 이와 마찬가지로 적은 돈도 한 푼씩 꾸준히 모으면 큰돈이 되고, 이렇게 모인 큰돈은 상상할 수 없었던 일을 해냅니다.

하지만 돈을 쓰지 않고, 저축하는 일은 재미없어 보이기도 합니다. 여러분도 예쁜 옷이나 축구공 사는 것을 꾹 참고 저축을 하기란 어렵지 않나요? 그런데도 사람들은 현재의 소비를 포기하고 저축을 합니다. 그 이유는 무엇일까요?

첫째, 사람들은 거래를 좀 더 원활하게 하기 위해서 저축을 합니다. 즉 내가 필요로 하는 것과 다른 사람이 필요로 하는 것을 서로 주고 받으려면 돈이 필요하기 때문이지요. 물론 대부분은 매달 버는 돈으로 해결이 가능합니다. 하지만 어떤 것은 저축을 통해 목돈을 마련하지 않으면 안 되는 것들이 있지요. 예를 들어 여행을 가려면 비행기 값이나 숙박비가 필요한데, 미리 목돈을 마련해 놓지 않으면 여행을 가기 힘들겠지요.

또한 기업들도 사업에 필요한 돈을 확보하고자 저

축을 하는데, 이것을 법인저축(corporate saving)이라 부릅니다. 평상
시 저축을 해 놓으면 은행에서 돈을 빌려 이자를 물지 않아도 되기 때
문에 기업에 도움이 되지요. 이외에도 기업은 사업에 필요한 원재료
나 기계 등을 구입하기 위해서 저축하기도 합니다.

둘째, 사람들은 갑작스런 사고나 불행에 대비하여 저축을 합니다.
현대 사회는 기술의 발달로 이전 사회보다 편리해졌기도 하지만 위험
한 각종 사고들 역시 더 많이 일어나게 되었지요. 예를 들어 자동차가
없던 시대에는 일어나지 않았던 교통사고가 현대 사회에서는 흔히 일
어납니다. 그리하여 사람들은 언제, 어떤 일이 일어날지 모르는 일에

대비하기 위해 일정한 돈을 저축하는 것이지요.

셋째, 사람들은 더 큰 돈을 벌기 위해 저축을 하기도 합니다. 다른 사람에게 돈을 빌려 주면 나중에 원금뿐만 아니라 일정액을 덧붙여 받을 수 있기 때문이지요. 이렇게 이익을 얻을 목적으로 사업 등에 자금을 대는 행위를 특별히 '투자'라고 부릅니다. 어른들이 주식이나 부동산, 채권 등을 구입해 이윤을 얻으려 하는 것도 그 예라 할 수 있지요. 결국 저축을 통해 목돈을 마련하게 되면 더 많은 돈을 벌 수 있기 때문입니다.

그러면 이처럼 많은 장점을 가지고 있는 저축을 잘할 수 있는 방법에는 어떤 것들이 있을까요? 첫째 많이 벌고 적게 소비할 것, 둘째 목표를 세워 저축할 것, 셋째 좀 더 일찍 시작할 것, 넷째 규칙적으로 할 것. 이 4가지를 잘 실천하는 것입니다.

생각이 쑥쑥 경제 놀이터

I've Got Money 노래를 부르며 저축의 중요성을 생각해 봐요.
('Are you sleeping?' 음으로)

I've got money, I've got money. (용돈을 받았어.)

What should I do? What should I do? (무엇을 할까?)

I must make a choice. I must make a choice. (선택을 해야지.)

Spend or save, Spend or save. (그냥 써버릴까, 저축을 할까?)

I've got money, I've got money. (용돈을 받았어.)

I could spend. I could spend. (써버려야지.)

Getting something now, Getting something now. (지금 얻는 것은)

Something small, Something small. (적은 것, 적은 것)

I've got money, I've got money. (용돈을 받았어.)

I could save. I could save. (저축을 해야지.)

Getting something later, Getting something later. (나중에 얻은 것은)

Something big, Something big. (많은 것, 많은 것)

I've got money, I've got money. (용돈을 받았어.)

What should I do? What should I do? (무엇을 할까?)

Spend a little now, Spend a little now, (지금은 조금만 써야지.)

Save some, too! Save some, too! (저축도 해야지.)

사람들이 저축을 하는 이유로 적합하지 않은 것은?

❶ 자신이 필요로 하는 거래를 더 잘하기 위해서

❷ 소득과 소비의 균형을 맞추기 위해서

❸ 더 많은 돈을 벌기 위한 기회를 얻기 위해서

❹ 갑작스런 사고나 불행에 대비하기 위해서

해설 : 정답은 ❷번입니다. ❷번 소득과 소비의 균형을 맞추는 것은 저축의 목적과는 관계가 없지요. 나머지는 모두 저축을 하는 이유에 해당하는데, 경제학에서는 ❶번을 거래적 동기, ❸번을 투기적 동기, ❹번을 예비적 동기 라고 부른답니다.

CHAPTER 12

은행에서는 이자를 왜 주나요?

 인디언은 왜 손해를 보지 않았을까?

　신대륙을 찾아 미국으로 온 유럽인들은 인디언들로부터 맨해튼 섬을 샀습니다. 당시 섬의 가격은 흥정을 통해 위스키 몇 병과 양피 몇 장, 총 몇 자루 그리고 몇십 달러로 결정되었지요.

　그러나 약 200년 후 인디언들은 네덜란드 사람들이 정당하지 않은 가격으로 섬을 구입했다는 이유로 맨해튼 섬에 대해 소유권 반환 소송을 하게 됩니다.

　그러자 한 회계사가 다음과 같은 주장을 했답니다. 당시 인디언들이 받은 땅 값을 모두 은행에 저금했다면 200년이 지난 시점에 와서는 이자에 이자가 붙어 맨해튼 섬 전체를 사고도 남는 액수가 된다는 것이지요. 대체 이자란 무엇이기에 이러한 결과를 낳은 것일까요?

 ## 현대판 조삼모사 이야기

옛날 중국 송(宋)나라에 원숭이를 기르는 저공(狙公)이라는 사람이 살고 있었습니다. 어느 날 저공은 기르던 원숭이에게 사과를 주면서 다음과 같이 말했어요.

"원숭이들아, 요즘 집안 형편이 좋지가 않구나. 그래서 오늘부터 내가 너희들에게 식사로 사과를 하루에 일곱 개씩만 주기로 했다."

원숭이들은 형편이 어려워져 식사량을 줄여서 주겠다는 저공의 말에 시무룩한 표정을 지었습니다. 잠시 후 저공은 다시 말을 이었어요.

"그러면 일곱 개의 사과를 아침에 세 개, 저녁에 네 개(朝三暮四) 주겠다. 괜찮겠느냐?"

그러자 원숭이들은 화난 표정으로 소리를 지르며 저공의 주위를 빙빙 돌았습니다. 이에 저공은 원숭이들에게 다시 제안을 했어요.

"그러면 사과를 아침에 네 개, 저녁에 세 개(朝四暮三) 주겠다. 어떻겠느냐?"

그러자 원숭이들은 환한 표정을 지으며 박수를 쳤습니다.

"좋아요, 좋아! 그렇게 해주세요. 아침에 네 개 저녁에 세 개!"

이에 저공은 중얼거리듯 한 마디 내뱉었어요.

"어리석은 것들! 아침에 네 개, 저녁에 세 개를 받는 방법(朝四暮三)이나 아침에 세 개, 저녁에 네 개를 받는 방법(朝三暮四) 모두 사과의 개수는 똑같은데 말이야."

그러자 원숭이들은 씨익 웃으며 말했어요.

"저공 아저씨는 경제 마인드가 없으시군요. 어떻게 사과를 아침에 세 개, 저녁에 네 개를 받는 방법(朝三暮四)과 아침에 네 개, 저녁에 세 개를 받는 방법(朝四暮三)이 똑같은가요?

한번 곰곰이 생각해 보세요. 물론 두 방법 다 사과의 개수는 일곱 개로 똑같지요. 하지만 아침에 미리 한 개를 더 받을 경우 그것을 자기 마음대로 처분할 수 있지 않겠어요? 이를 테면 먼저 받은 사과 한 개를 다른 사람이나 원숭이에게 빌려주고 이자를 받을 수도 있겠지요.

또 만약 아침에 사과 세 개를 준 후 저공 아저씨의 마음이 바뀌어 저녁 때 사과를 주지 않는다면 어떡하겠어요? 즉 아침의 네 개는 확실하지만 저녁에 네 개를 주겠다는 말은 달라질 수 있는 것이지요. 따라서 우리들은 '미래의 불확실성'보다 '현재의 확실성'을 더 좋아한답니다."

풍덩! 이야기 속으로

이야기 속 원숭이들은 아침과 저녁에 주는 사과의 총 개수가 똑같았는데도 아침에 사과 네 개를 주는 것을 더 좋아했습니다. 저공의 처음 생각대로 원숭이들이 어리석어 그랬을까요? 천만의 말씀! 원숭이들은 어리석은 게 아니라 오히려 경제 마인드가 매우 투철했습니다. 왜 그런지 살펴볼까요?

우선 아침에 사과를 한 개 더 받게 되면 하루라는 시간 동안에 여러 가지 방법으로 활용하여 얻을 수 있는 수익이 생기게 됩니다. 또한 혹시 저공의 마음이 변하여 아침에는 사과 세 개를 주고 저녁에는 따른 이유를 대며 주지 않을 수 있지 않겠어요? 그렇다면 저녁 때 받을 수 있을지 없을지 모르는 사과 네 개보다는 아침에 확실히 받을 수 있는 사과 네 개가 더 나은 것이지요.

여기서 잠깐!

이자(利子, interest)란 남에게 돈을 빌려줄 때 받는 원금 이외의 일정 금액을 말합니다. 이렇게 이자를 받는 이유는 남에게 돈을 빌려줄 때 발생하는 기회비용 때문이에요. 만약 100만 원을 가지고 장사를 하면 10만 원의 이익을 낼 수 있다고 가정해 봅시다. 그런데 다른 사람에게 100만 원을 빌려 주면 어떻게 될까요? 장사를 하지 못하는 비용, 즉 10만 원의 기회비용이 발생하지요. 따라서 다른 사람에게 돈을 빌려줄 때는 이 기회비용 10만 원을 이자로 받아야 손해가 아닌 것이지요. 이것이 목돈을 맡길 때 은행이 우리에게 일정액의 이자를 지급하는 이유랍니다.

 쉽게 읽는 경제학

개인이나 기업이 은행과 같은 금융기관에 일정기간 동안 일정액을 맡기면 금융기관은 그 돈에 얼마의 돈을 덧붙여 되돌려 줍니다. 이 때 예금 또는 빌린 돈을 '원금'이라고 하고, 덧붙여 받거나 또는 주는 돈을 '이자'라 부른답니다.

그러면 '이자'는 왜 생기는 것일까요? 첫째, 남에게 돈을 빌려 준 사람은 일정기간 동안 그 돈을 자신이 원하는 대로 사용하지 못하고 기다려야 합니다. 즉 빌려 준 돈에 대한 기회비용이 발생하는 것이지요. 또 돈을 꾸어 간 사람이 약속한 날짜에 돈을 갚을지 확신할 수 없기 때문에 불안하게 되므로 돈을 일부 받는 것이지요.

결국 이자란 '기다림(기회비용)'과 '위험부담'에 대한 대가입니다. 따라서 은행, 농협, 증권회사와 같은 금융기관에서는 돈을 예금하는 사람들에게 금액과 기간에 따라 '예금이자'를 주고 반대로 돈을 빌리는 사람이나 기업들에게는 '대출이자'를 받는 것이지요.

그렇다면 은행은 예금자들에게 이자를 얼마나 줄까요? 그것은 원금과 이자율이 얼마인지, 또한 이자율이 단리인지 복리인지에 따라 달라집니다. 이자는 기본적으로 다음과 같이 계산됩니다.

이자 = 원금 × 이자율

즉 원금이 많고, 이자율이 높으면 이자가 많아지게 되는 것이지요. 그런데 이자율에는 단리와 복리라는 것이 있습니다. 단리는 한 번 맡긴 원금을 계속 원금으로 두고 계산하는 방법이고, 복리는 원금에 이자가 붙으면 이자가 붙은 금액까지 합해서 원금으로 계산하는 방법이지요. 예를 들어 한 은행에 100원을 맡기면 매달 1원의 이자를 준다고 생각해 봅시다. 이자율은 이자/원금=1/100=0.01로, 즉 1%(퍼센트)가 됩니다. 단리와 복리 중 어느 쪽이 이자가 더 많이 붙을까요?

단리로 계산을 하면

첫째 달 : 원금=100원, 이자=100×0.01=1원

둘째 달 : 원금=100원, 이자=100×0.01=1원

$$\vdots$$

매달 이자가 1원 밖에 안 붙죠? 그러면 복리로 계산을 해볼까요?

첫째 달 : 원금=100원, 이자=100×0.01=1원

둘째 달 : 원금=100(첫째 달 원금)+1(첫째 달 이자)=101원

이자=101×0.01=1.01원

셋째 달 : 원금=101(둘째 달 원금)+1.01(둘째 달 이자)=102.01원

이자=102.01×0.01=1.0201원

이처럼 단리에 비해 복리는 이자가 더 많이 붙는데, 이는 전 달 원금에 이자가 붙은 금액이 새로운 원금이 되기 때문이에요. 특히 복리는 기간이 길어질수록 단리보다 붙는 이자의 액수가 엄청나게 커진답니다. 시간이 곧 돈인 셈이지요.

그러면 이자율은 어떻게 결정되는 것일까요? 이자율은 돈을 빌리는 기간, 빌리는 사람들의 신용도 등에 따라 달라집니다. 실제로 시장에는 여러 종류의 이자율이 있습니다. 예를 들어 금융기관들 사이에 단기간 돈을 빌릴 때 적용되는 콜금리(call rate), 은행에 예금을 할 때 적용되는 예금금리, 또 돈을 빌릴 때 적용되는 대출금리, 금융기관을 통하지 않고 개인들끼리 약속해서 정하는 이자율인 사채금리 등이 있지요.

그리고 이자율은 돈을 이용한 대가이기 때문에 상품의 가격이 결정되는 것과 마찬가지로 시장에서 돈을 필요로 하는 사람(수요)과 빌려 주는 사람(공급)에 의해서 결정됩니다. 즉 돈을 빌려 주려는 사람(공급)이 많으면 이자율은 떨어지고, 빌리려는 사람(수요)이 많으면 이자율은 올라가지요.

동생에게 장난감을 빌려주고 고자로 이자를 받아야지.

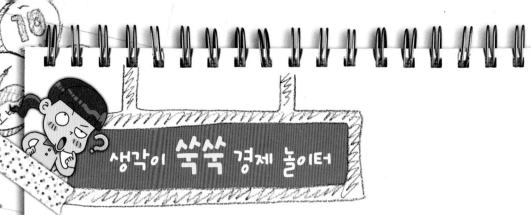

72법칙으로 이자를 계산해 보아요.

복리의 마법을 구체적으로 알아봅시다. 복리로 계산해 붙은 이자가 원금만
큼 늘어나 원금이 두 배가 되는 때는 언제일까요? 계산만 하면 머리가 지끈
지끈 속이 울렁거리는 여러분을 위해 쉽고 간편한 법칙을 알려줄게요.

● **원금을 2배로 만드는 72법칙(복리)**

예금기간(년) × 연간 이자율 = 72

예금기간(년) = 72 ÷ 연간 이자율

연간 이자율 = 72 ÷ 예금기간(년)

쉽지요? 그러면 72법칙을 실제 예에 적용해봅시다. 이자율이 연간 6%일
경우 원금이 2배가 되는 데 몇 년이 걸릴까요? 예금기간을 알려면 72를
연간이자율로 나누면 되니까, 72 ÷ 6 = 12, 즉 12년이 되겠지요.
그러면 이번에는 5년 후에 현재의 돈을 2배로 만들려면 연간 이자율이 얼
마가 돼야 하는지 구해 봅시다. 연간 이자율을 구하려면 72를 예금기간으

로 나누어야 하니까, 72 ÷ 5 = 14.4, 즉 14.4%라는 답이 나오지요.

그러면 복리로 맡기기만 하면 우리는 모두 부자가 될 수 있는 것일까요? 안타깝게도 부자가 되기란 그렇게 쉽지만은 않아요. 물가가 상승하게 되면 돈의 가치가 떨어지기 때문이지요.

예를 들어 어떤 사람이 10년 전에 저축한 100원에 이자가 붙어 현재 700원이 됐다고 생각해봐요. 원금의 무려 7배가 되었으니 횡재구나 싶지요? 하지만 물가가 10년 동안 7배 올랐다면 어떨까요? 즉 10년 전에 100원이었던 과자를 지금은 700원을 줘야 살 수 있다면 말이예요. 결국 10년 전 100원이나 현재의 700원이나 살 수 있는 물건의 가치는 똑같을 뿐인 것이지요.

어린이도 세금을 내나요?

 세금은 왜 생겨났을까?

우리가 편리하게 이용하는 지하철이나 2002년 월드컵 대회 때 목이 터져라 응원하던 축구 경기장은 누가 만든 것일까요? 또 이러한 시설들을 만들 때는 막대한 비용이 들었을 텐데도 우리가 적은 돈을 내고 이용할 수 있는 이유는 무엇일까요?

국가는 국민의 편의를 위해 각종 시설을 만듭니다. 즉 우리가 편리하게 이용하는 지하철이나 축구 경기장은 모두 국가가 만든 것이지요. 국가가 나서서 이러한 시설을 만드는 이유는 국민 모두가 이용하고자 하지만 개인이 만들기에는 비용이 많이 들기 때문이에요. 또한 이러한 시설들을 개인이 소유할 경우 다른 사람들은 마음대로 사용하지 못하거나 높은 사용료를 내야 하기 때문이지요.

 # 호랑이보다 더 무서운 세금

옛날 어느 나라에 아주 마음씨 나쁜 왕이 살았습니다. 왕은 낭비가 심해서 맛있는 음식을 먹고, 으리으리한 궁전을 짓기 위해 백성들에게 돈과 물건들을 거두어 들였지요. 지금으로 말하면 세금이었던 셈이지요.

왕은 세금을 내지 못하는 백성들을 감옥에 넣거나 곤장을 때렸습니다. 그래서 백성들은 가지고 있는 것들을 모두 세금으로 바쳐야 했어요. 하지만 아무 이유 없이 세금을 걷는 일이 계속되자 점차 백성들은 세금을 내길 거부했지요.

'이것들이 점점 반항을 하네. 뭔가 그럴듯한 이름으로 세금을 걷어야겠어.'

마음씨 나쁜 왕은 머리를 굴리기 시작했어요.

어느 날 왕은 백성들의 생활을 살핀다는 핑계로 신하를 데리고 나라 안 이곳저곳을 다니기 시작했습니다. 그러다 경치가 좋은 곳이 있으면 신하에게 명령했지요.

"여봐라! 이 아름다운 곳을 그냥 둘 수가 있겠느냐? 이곳에 멋진 정자를 하나 짓도록 하여라."

"마마, 나라의 재정이 바닥이 나서 정자를 지을 돈이 없사옵니다."

그러자 왕은 특별한 세금을 걷기로 마음먹었습니다.

"별 걱정을 다하는구나. '정자세'를 거두어 지으면 되지, 뭐가 문제더냐?"

또 길을 가다가 큰 강이 있어 건널 수 없게 되면 왕은 신하에게 다음과 같이 명령했답니다.

"여봐라, 이곳에 큰 다리를 놓도록 하여라. 돈이 없다고? 그럼 '다리세(교량세)'를 거두어 들여라."

그리고 샘물을 보면 왕은 또 신하에게 명령했습니다.

"오호, 이곳에 샘물이 퐁퐁 솟네. 신기한지고! 이곳에 우물을 하나 만들도록 하여라. 돈이야 '우물세'라는 이름을 붙여 거두면 되지 않겠느냐? 하하하."

이처럼 왕은 지나는 곳곳마다 온갖 사업을 벌였고, 거기에 필요한 돈은 즉흥적으로 이름을 붙인 세금을 걷어 충당하도록 하였습니다. 결국 백성들은 돈이 될 만한 것은 모두 세금으로 빼앗겨 생활이 날로 어려워졌지요. 견디다 못한 백성들은 나라를 떠나거나 깊은 산골에 들어가 숨어 살기까지 했답니다. 그래서 사람들 사이에 무거운 세금은 호랑이보다 무섭다는 말이 떠돌게 되었지요.

풍덩! 이야기 속으로

왕은 백성들에게 과도한 세금을 거두어 들여 자신이 하고 싶은 일을 합니다. 그리고 세금을 내지 못한 백성은 잡아다 감옥에 가두거나 곤장을 치기도 했지요. 결국 백성들은 과도한 세금이 호랑이보다 무섭다는 이야기를 하게 됩니다.

현대 사회에서는 국가나 지방자치단체가 국민으로부터 세금을 거두어 들입니다. 물론 이야기 속의 왕처럼 무리한 세금을 걷는 일은 드

물지요. 왜냐하면 현대 사회는 옛날과 달리 국민들의 동의가 없으면 함부로 세금을 걷을 수 없거든요.

하지만 가끔 국민들에게 불필요한 세금을 걷어 사업을 시행하는 경우도 있습니다. 그래서 매년 시민단체에서는 세금을 불필요한 곳에 쓴 국가와 지방자치단체에 '밑 빠진 독에 물 붓기' 상을 수여해 세금을 바로 쓰도록 경고한답니다.

여기서 잠깐!

조세(租稅)란 국가 또는 지방자치단체가 그 필요한 경비를 쓰기 위하여 국민으로부터 강제적으로 거두어 들이는 수입을 말합니다. 오늘날 유럽의 많은 국가에서는 소득의 40% 이상을 세금으로 걷습니다. 그리고 거둔 세금으로 실업자나 질병에 걸린 사람, 노인 등을 경제적으로 지원해주지요.

이러한 복지 정책은 국민들에게 편의를 제공하기는 하지만 직장을 가진 사람들은 소득의 절반 가까이를 세금으로 내야 하기 때문에 일할 의욕을 상실하기도 합니다. 또한 일을 하지 않아도 다른 사람이 낸 세금으로 생활할 수 있기 때문에 실업자들이 새로운 일자리를 구하려 하지 않는 경우도 있다고 하네요.

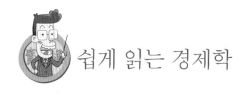 쉽게 읽는 경제학

세금은 나라 살림에 필요한 돈을 국민들이 나누어 내는 돈입니다. 따라서 우리나라에 살고 있는 국민이라면 누구나 의무적으로 세금을 내야 합니다. 국가는 부모님의 월급이나 사업가가 버는 돈에서 세금을 직접 걷기도 하지만 물건의 가격에 세금을 붙여 간접적으로 세금을 걷기도 합니다.

국가나 지방자치단체는 세금을 가지고 국가 살림을 꾸려나가기 때문에 세금을 무엇에, 얼마만큼 쓸 것인지 계획을 세우고 그에 맞춰 지출합니다. 국가는 세금을 이용해 학생들이 공부하는 학교를 짓거나 사람이 다니는 인도나 자동차가 다니는 차도, 고속도로, 철도, 공원, 댐 등을 만듭니다. 또 재산을 지켜주는 경찰, 화재를 진압하는 소방관, 영토를 지키는 군인들에게 월급을 주어 국민들의 삶을 안전하게 지키게 하지요.

세금은 정말 다양한 곳에 쓰이는 구나!

이처럼 세금의 원래 목적은 국민들이 편안하고 안정된 상태에서 일에 몰두할 수 있도록 돕는 것입니다. 그러면 세금에는 어떤 종류가 있을까요?

사람들은 직장생활이나 사업을 하여 돈을 벌게 되면 벌어들인 돈에서 생활에 필요한 비용을 뺀 금액(소득)의 크기에 따라 세금을 내게 됩니다.

이 때 내는 세금을 직접세라고 하는데, 직접세는 세금을 부담하는 사람이 직접 국가에 세금을 납부하기 때문에 붙여진 이름입니다. 이와는 달리 간접세는 세금을 부담하는 사람과 세금을 국가에 실제로 납부하는 사람이 서로 다르지요.

이해가 쉽게 예를 들어 볼까요? 여기 500원 짜리 공책을 산다고 생각해 봅시다. 여러분은 문방구 아저씨에게 돈 500원을 지불하지요. 그러면 아저씨는 500원 중 일부를 국가에 세금으로 낸답니다. 즉 세

금을 부담한 것은 500원을 낸 여러분이고, 국가에 그것을 내는 사람은 문방구 아저씨인 것이지요. 이와 같은 간접세는 우리가 사서 쓰는 학용품, 음료수, 옷, 전자제품 등에 붙어 있답니다. 결국 이러한 물건을 사는 우리들은 모두 국가에 세금을 내는 납세자인 것이지요.

한편 국민의 경제사정은 어려운데 국민들의 조세부담은 계속 늘어나면 어떻게 될까요? 아마 국민들은 국가에 대한 불만이 쌓여 열심히 일을 하지 않거나 심지어 다른 국가로 이민을 가려 하겠지요. 그러면 결국 국가도 경제적으로 어려운 형편에 놓이게 될 것입니다.

따라서 경제사정이 어려울 때는 국가가 솔선하여 나라 살림을 알뜰하게 꾸려가고, 또 국민들의 조세부담을 줄여줘 국민의 경제활동을 활발하게 하는 것이 무엇보다 중요하답니다.

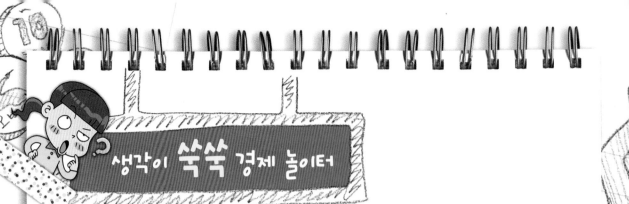

창문세! 수염세! 그런 세금도 있나요?

만약 집의 창문 수에 따라 세금이 달라진다면 어떻게 될까요? 또 구레나
룻 수염을 기르는 사람에게 세금이 부과된다면요? 그런 말도 안 되는 세
금이 어디 있냐고요? 하지만 예전에는 정말 이러한 세금이 존재했답니다.
영국의 초대 수상이었던 월폴(Robert Walpole, 1676~1745)은 호화주택을
가진 귀족들에게 세금을 부과하기 위해 벽난로가 있는 집에 대해 세금을
걷었습니다. 왜냐하면 귀족 정도가 돼야 벽난로가 있는 집에 살 수 있었
으니까요. 하지만 벽난로를 확인하기 위해서는 세금을 징수하는 관리들
이 집에 들어가 일일이 확인해야 했기 때문에 집주인들이 불쾌해 했지요.
그래서 나중에는 밖에서도 쉽게 알아 볼 수 있는 창문 수를 기준으로 세
금을 걷게 되었는데, 이것이 바로 그 유명한 창문세(window tax)랍니다.
당시 창문세는 창문이 여섯 개가 넘는 집에 부과됐다고 하네요.
한편 제정 러시아 시대의 피터 대제(the Great Peter, 1672~1725)는 서유럽
의 제도를 받아들이면서 귀족들에게 수염을 자르도록 했습니다. 그런데 귀
족들이 말을 듣지 않자 수염을 기르는 사람에게 '수염세'를 내게 했지요.

결국 이와 같은 세금부과 결과 어떤 일이 일어났을까요? 창문의 수에 따라 세금을 내게 되면서 창문이 줄어들어 실내가 어두워졌답니다. 또 수염에 세금이 붙으면서 수염을 기르고 싶어도 마음대로 수염을 기를 수 없었고요. 이처럼 국가가 부적절한 방법으로 국민에게 세금을 걷는 일은 국민들의 행복을 줄이는 결과를 가져오게 됩니다.

▲피터 대제

경제가 보이는 Quiz

조세와 관련된 다음의 내용 중 틀린 것은?

❶ 영국에서는 창문의 수를 기준으로 세금을 부과한 적이 있다.

❷ 러시아에서는 수염 길이에 따라 세금을 부과한 적이 있다.

❸ 어른들은 세금을 내지만 아이들은 세금을 내지 않는다.

❹ 세금에는 누가 걷느냐에 따라 국세와 지방세로 나뉜다.

해설: 영국의 초대 수상이었던 월폴이나 러시아 피터대제가 창문의 수나 수염을 기준으로 세금을 부과한 적이 있으므로 ❶번과 ❷번은 맞는 이야기이지요. 그리고 국가가 세금을 걷으면 국세, 지방자치단체가 걷으면 지방세라고 부르므로 ❹번도 옳은 말이라고 할 수 있습니다. 따라서 정답은 ❸번입니다. 간접세는 물건의 가격에 포함돼 있는 것이어서 아이들도 간접세를 냅니다.

CHAPTER 14

실업은 왜 문제가 되나요?

 오빠는 이태백, 아빠는 사오정?!

어른들은 말합니다. 일자리가 없어서 걱정이라고요. 20대 태반이 백수라는 의미의 '이태백'이나 40~50살에는 정년퇴직을 해야 한다는 '사오정'이라는 단어도 신문에서 볼 수 있지요. 왜 어른들은 '노는 게' 걱정일까요? 일이 없으면 아침 일찍 일어나지 않아도 되고, 하루 종일 방에서 텔레비전을 볼 수도 있을 텐데 말이지요.

하지만 어른들이 일을 하는 데는 여러 가지 이유가 있답니다. 먼저 일을 하게 되면 그에 맞는 보수를 받게 됩니다. 그러면 사람들은 돈을 가지고 원하는 것을 먹거나 입을 수 있지요. 그리고 일은 자신의 꿈을

성취하는 수단이기도 합니다. 자신이 하는 일이 다른 사람들에게도 도움을 준다고 생각하면서 삶에 보람을 느끼는 것이지요.

 ## 오락실에서 만난 아빠

어느 날 동철이는 학교 수업이 끝나고 오락실에 갔습니다. 며칠 전에 받은 용돈으로 게임 한 판을 하려는 것이었지요. 동철이는 자신이 제일 좋아하는 게임기 앞에 자리를 잡았습니다. 그런데 옆에 앉은 아저씨가 어쩐지 낯이 익지 않겠어요?

'앗! 세상에서 내가 제일 좋아하는 우리 아빠네?'

동철이는 살금살금 다가가서 "아빠!" 하고 큰소리로 불렀어요.

"오, 동철이구나. 학교 끝나고 온 거야?"

"예, 그런데 아빠도 이 게임 좋아하셨어요? 그럼 저랑 대결 한 번 하실래요?"

"좋아, 지는 사람이 아이스크림 사기다!"

그렇게 동철이는 아빠와 신나게 게임을 했어요.

"아빠, 정말 장난이 아닌데요. 또 최고 기록을 깨시다니! 오락실에 자주 오는 나도 세우기 힘든 기록인데…. 이건 한두 번 하신 실력이 아닌데요?"

"하하. 그래? 아빠에게 게임 소질이 숨어 있었나 봐. 나는 오늘 처음 해 보는 걸."

아빠는 왠지 멋쩍은 듯 말씀하셨어요.

어느 덧 시간이 흘러 저녁 무렵이 되자 아빠는 동철이한테 용돈을 주었습니다.

"이제 집에 갈까? 그런데 우리 아들 아빠가 용돈 좀 줘야지. 자, 여기 있다!"

"우와! 아빠, 고맙습니다."

"그런데 말이다. 오늘 아빠랑 오락실에서 놀았던 거는 엄마한텐 비밀이다."

"당연하죠. 엄마가 알면 저 혼나요. 그럼 배고픈데 빨리 들어가요, 아빠."

동철이는 갑자기 생긴 용돈에 신이 났지만 아빠랑 같이 집으로 가는 길에 혼자 생각했어요.

'가끔 아빠도 회사에 가기 싫으시겠지. 엄마 잔소리, 바가지, 돈타령에 숨이 막히실지도 몰라.'

저녁을 먹고 가족이 다같이 텔레비전을 보는데, 요즘 대낮부터 오락실을 찾는 아빠들이 많다는 뉴스가 나왔어요. 그것을 보던 엄마는 혀를 끌끌 차시며, 말씀하셨지요.

"쯧쯧, 경기가 안 좋은 탓에 실업자가 저렇게 많구나! 그렇다고 저

렇게 오락실에 앉아 있으면 어떻게 하나? 다시 일자리 구해 볼 생각은
하지 않고."

아빠는 말없이 동철이의 눈치만 살피셨어요. 동철이는 문득 오락
실에서 만난 아빠의 근심어린 표정이 떠올랐어요.

'우리 아빠가 바로 뉴스의 주인공이라니…. 하지만 아빠 힘내세
요! 난 아빠를 믿어요. 아빠 곁엔 아빠를 누구보다 사랑하는 제가 있
잖아요. 아빠, 사랑해요.'

동철이는 두 손으로 아빠의 거칠고 큰 손을 꼭 잡아드렸습니다.

학교 끝나고 오락실에 들른 동철이는 뜻밖에 아빠를 만나게 됩니다. 쉬는 날도 아닌데 그 시간에 오락실에 계시다니 정말 이상했지요. 하지만 그날 저녁 동철이는 아빠의 비밀을 알게 됩니다. 아빠가 '실업자'가 돼서 회사에 가지 않았다는 것을 말이지요.

대부분의 사람들은 일을 하기를 원합니다. 일을 하지 않으면 보수를 받을 수 없기 때문이지요. 하지만 최근에는 일을 하려고 해도 일자리가 없어 고민하고 있는 사람이 많답니다. 그러면 실업은 왜 일어나는 것일까요?

여기서 잠깐!

실업(失業)은 가족의 생계를 유지할 일자리를 잃어버리는 것을 말합니다. 특히 대규모의 실업은 국가의 경제상황이 어려울 때 일어납니다. 예를 들어 1930년대 미국에서 발생한 경제대공황이 대표적이지요. 경제 대공황은 기술의 발달로 많은 물건이 만들어진데 반해 물건을 사려는 사람은 늘지 않아 일어나게 되었습니다. 물건이 안 팔리니 회사나 공장은 더 이상 사람들을 고용할 필요가 없게 되었기 때문이지요. 1933년의 미국의 실업자 수는 1184만명 정도로 당시 미국 국민의 25% 이상, 즉 4명 중 1명이 일자리가 없었다고 합니다.

쉽게 읽는 경제학

'이마에 땀을 내고 먹어라'는 속담을 들어보았나요? 이는 자신에게 필요한 의식주 문제를 노동을 통해 해결하라는 뜻이지요. 그래서 대부분의 사람들은 열심히 일을 하며 살아갑니다. 하지만 간혹 일자리를 잃게 되는 경우도 있지요. 이를 실업이라고 하는데, 실업이 많이 발생하면 국가 전체의 생산력과, 국민소득이 감소하게 됩니다. 실업자 개인에게 필요한 소득을 잃게 되는 것은 물론이고요. 또한 실업이 장기간 지속되면 실업자는 경제적 고통 외에도 정신적인 고통 역시 겪게됩니다. 그 결과 가정이 무너지고 사회 혼란이 일어날 수 있지요.

얼마나 많은 사람들이 실업자로 있는지는 경제활동인구 중에서 일자리가 없는 사람의 비율, 즉 실업률로 알 수 있습니다. 여기서 경제활동인구란 경제활동을 할 수 있는 사람, 즉 일할 의사와 능력을 모두 가진 사람을 말하는데, 취업 여부는 상관이 없고 다음과 같은 조건을 갖춘 사람이면 된답니다.

나는 15살 미만이고 학생이니까 일을 안해도 실업자가 아니네

- 15세 이상의 인구. 따라서 15세가 안되는 아이들은 포함되지 않지요.
- 직업이 있거나 적극적으로 직업을 찾아다니는 사람.

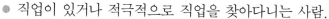

즉 일할 의사가 없는 학생이나 주부 또는 일할 능력이 없는 노약자, 환자, 죄수 등은 제외됩니다. 따라서 일을 하고 싶지 않아서 일자리를 구하지 않는 사람은 경제활동 인구에 포함되지 않겠지요?

그렇다면 실업자 수는 어떻게 구할까요? 실업자 수는 경제활동 인구 중에 취업자 수를 제외해서 구할 수 있습니다. 이때 취업자란 1주일에 한 시간 이상 일하여 수입을 얻거나 별도의 수입이 없더라도 가족의 일을 도와 1주일에 18시간 이상 일하는 사람을 말합니다. 만약 여러분의 나이가 15세 이상이고, 1주일에 18시간 이상 가족을 돕는다면

취업자에 포함되는 것이지요. 여러분이 생각했던 것보다 취업자의 개념이 좀 넓지요? 따라서 뉴스에 나오는 실업률은 실제 수치보다 낮은 경우가 많답니다. 말하자면 조사된 실업률이 10% 미만이라도 실제로 실업자 수는 훨씬 더많을 수 있다는 것이지요.

한편 실업에는 자발적 실업과 비자발적 실업이 있습니다. 자발적 실업은 임금이나 근로조건이 자신이 원하는 수준과 맞지 않아서 발생합니다. 실제로 많은 젊은이들이 자신이 원하는 임금이 아니거나 일하는 환경이 좋지 않다고 해서 일자리를 거부하고 스스로 실업자로 남는 경우가 있습니다. 이 경우는 개인의 의지와 선택에 의해서 실업 상태에 있는 것이기 때문에 국가가 나서서 해결할 문제는 아니지요.

반면에 비자발적 실업은 일할 능력과 의사가 있음에도 불구하고 일자리를 구하지 못하는 경우를 의미합니다. 주로 경제 상황이 좋지 않아 기업이 생산과 일자리를 줄이면서 발생하는 것이 대표적이지요. 또한 산업구조가 바뀜에 따라 특정 산업에 종사하는 사람들의 일자리가 줄어들기도 합니다. 예를 들어 구두나 옷을 만드는 2차 산업의 규모가 줄어들면 그에 따라 일자리도 점점 줄어드는 것이지요.

'비자발적 실업'은 국가의 전반적인 생산력을 낮추고, 인력을 낭비하게 만들며, 개인에게도 고통이 되기 때문에 정부는 다양한 방법으로 실업을 해결하려 합니다. 일정 기간 실업급여를 제공하여 실직자의 최저생계비를 보장해주거나 직업알선, 직업훈련 등을 하면서 말이지요.

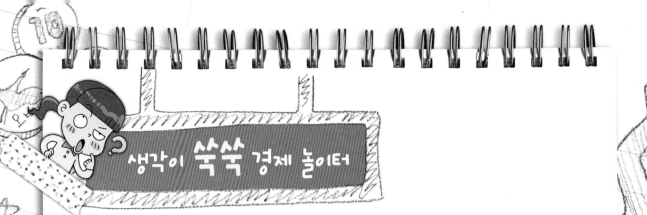

생각이 쑥쑥 경제 놀이터

꼬마야! 꼬마야! 놀이를 해 보아요.

긴 줄 돌리기 놀이를 통해 실업과 취업의 의미를 생각해 봐요.

① 6명 정도의 인원이 양쪽으로 모둠을 가릅니다.

② '가위 바위 보'를 하여 진 모둠에서 두 사람이 나와 줄의 양쪽 끝을 잡고 돌리고, 나머지 사람들은 꼬마야! 꼬마야! 노래를 불러줍니다.

③ 이긴 모둠은 한 사람씩 나와 장단에 맞춰 돌리는 줄을 뛰어넘습니다.

④ 그 다음 두 사람, 세 사람, 네 사람…. 나중에는 팀 전체가 돌리는 긴 줄을 동시에 넘습니다.

⑤ 만약 그 모둠 중에서 넘지 못하는 사람이 나오면 그 사람은 놀이에 참여하지 못하고 쉬는 대기 팀이 됩니다. 즉 실업자가 되지요.

⑥ 대기 팀 인원이 많이 나온 모둠이 놀이에서 지게 됩니다. 자기 모둠에서 완벽하게 넘는 사람이 나올 경우 넘지 못한 사람을 한 사람씩 살리게 됩니다. 즉 취업을 시킬 수 있는 것이지요.

이 놀이를 통해 여러분은 사회가 정한 일정한 기준을 넘지 못하면 실업자가 된다는 사실을 간접적으로 체험해 볼 수 있습니다. 물론 실제 사회에서 취업자와 실업자를 나누는 기준은 줄 넘기처럼 간단하지는 않습니다. 하지만 줄을 못 넘어 놀이를 쉬었을 때의 느낌은 어떨까요? 다른 친구들이 재미나게 노는 것을 지켜보기만 해야 한다는 것은 정말 속상할 거예요. 간단하지만 실업자의 마음을 조금은 이해할 수 있는 놀이랍니다.

다음 중 실업과 관련된 내용 중 잘못 말한 것은?

❶ '이태백 · 사오정 · 오류도'라는 말은 실업의 심각함을 뜻한다.

❷ 비자발적 실업보다는 자발적 실업이 더 큰 문제이다.

❸ 실업은 개인 뿐 아니라 사회에도 커다란 폐해를 끼친다.

❹ 실업은 사회의 전반적인 생산력을 떨어뜨린다.

해설: 정답 ❷. 자발적 실업은 개인의 의지로 선택한 것이므로 크게 문제가 되지 않지만 비자발적 실업은 경기 침체나 사회변화에 따라 발생하는 것이므로 심각한 문제가 될 수 있습니다.

얻는 게
더 많은 기부

 어려운 이웃을 돕는 일도
경제적인 의미가 있나요?

주위에 어려운 사람이 있으면 어떻게 해야 할까요? 전에 태안반도
에서 있었던 일을 알고 있나요? 태안반도를 지나가던 유조선이 바위
에 부딪히는 바람에 바다가 온통 기름으로 오염된 사건 말이지요. 그
사건 때문에 바다 속 물고기가 죽어 어부 아저씨들이 경제적으로 매
우 큰 곤란을 겪었습니다. 그 뿐 아니라 기름에서 나온 각종 화학물질
들 때문에 아픈 사람들이 생기기도 했지요.

그러자 이와 같은 어려움을 알게 된 다른 지역의 사람들이 힘을 모아 봉사활동을 시작했습니다. 자신이 살고 있는 지역에서 일어난 일도 아닌데도 휴일에 태안반도를 찾아가 직접 기름 제거 작업을 도왔지요. 결국 기름 제거 작업은 예상보다 빠른 시간에 진행되었고, 어부 아저씨들의 표정도 조금씩 밝아졌지요.

 동물가족들의 이웃사랑

아기 산토끼들이 준비해 온 물건들을 동물들이 많이 지나가는 길거리에 진열해 놓고 소리를 지릅니다.

"도토리 사세요! 알밤 사세요! 군밤 사세요! 도토리묵도 있습니다."

아기 토끼들이 외치는 소리에 길을 지나던 사슴 아저씨들이 궁금해서 묻습니다.

"아기 산토끼들 아냐? 여기서 뭣하고 있니?"

"예, 저희들은 건너 마을 노루 할아버지와 노루 할머니들을 위한 성금을 마련하기 위해 저희들이 준비한 물건들을 팔고 있는 거랍니다."

"뭐라고? 왜 너희들이 노루 할아버지와 노루 할머니들을 돕는 거니? 할아버지와 할머니들에게 무슨 문제라도 생겼니?"

"네, 맞아요. 얼마 전 저희가 노루 할아버지 노루 할머니 마을에 들렀거든요? 그런데 모두 나이도 많고 편찮으셔서 일도 못하시고 하루

하루 끼니 걱정, 병원비 걱정을 하시더라고요. 그래서 우리 힘으로 노루 할아버지 노루 할머니들을 돕기로 결정했답니다."

"정말 기특하구나. 얼굴만 예쁜 게 아니라 이제 보니 마음도 정말 비단 같구나. 그럼 우리도 가만있을 수 없지. 여기 알밤 두 봉지, 도토리묵 두 사발을 다오."

"고맙습니다. 사슴 아저씨. 여기 있습니다. 맛있게 드세요."

"여러분, 아기 토끼들이 어려운 이웃을 돕기 위해 저렇게 애를 쓰는데 우리도 도울 수 있는 방법이 없을까요?"

사슴 아줌마들끼리 의논을 합니다.

"우리가 아껴뒀던 송이버섯, 싸리버섯을 가져다주면 어떨까요?"

"그게 좋겠군요. 그리고 멧돼지네 마을에도 연락하도록 합시다."

"멧돼지 아저씨, 노루 할아버지와 노루 할머니들이 나이도 많은데 아프기까지 하여 살아가는 형편이 매우 어렵답니다. 함께 도움을 주는 게 어떨까요?"

"그래요? 참 안됐군요. 우리 모두 동물 가족들에게 알려 함께 도와주도록 합시다."

"그게 좋겠군요. 난 곰, 사자, 호랑이 가족들에게 알려드려 도움을 청하지요."

"그럼 우리는 여우, 오소리 가족들에게 알려드리지요."

"좋습니다. 그런데 저에게 아이디어가 하나 있는데, 들어보겠어요?

"어떤 아이디어인가요? 한번 말씀해 보세요."

"다음달 둘째 토요일에 동물나라 장기자랑대회를 여는 것이지요. 그 자리에서 각자 장기자랑을 한 후 모인 동물 가족들에게 어려운 이웃을 돕자고 제안을 하여 성금을 모으는 겁니다."

"그것 참 좋은 생각입니다."

어느 새 약속한 동물 가족 장기자랑대회 날! 목소리도 예쁜 사슴아줌마가 제안을 합니다.

"여러분, 지금은 노루 할아버지와 노루 할머니들이 어려움에 처해 있지만 언제 또 다른 동물가족들이 어려움에 처할게 될지 모르잖아요. 그러니 동물 가족 돕기 위원회를 만들어서 그 위원회를 통해 지속적으로 도움을 주는 것이지요. 필요한 돈은 동물 가족 돕기 기금통장을 만들어서 매달 일정금액을 온라인으로 송금하도록 하는 것입니다."

"좋아요, 좋아요. 그렇게 합시다."

아기 토끼들의 작은 이웃 사랑 실천이 이렇게까지 커지고 조직적으로 되다니! 동물 가족들은 추위, 더위, 가뭄이나 홍수, 한파가 몰아쳐도 전혀 걱정이 없게 되었습니다.

풍덩! 이야기 속으로

아기 토끼들은 건너 마을의 노루 할아버지와 노루 할머니를 돕기 위해 자신들이 만든 물건을 팔았지요. 이러한 아기 토끼들의 따뜻한 마음씨와 훈훈한 이웃사랑 실천은 어떤 어려움이 닥치더라도 서로 힘을 모아 극복할 수 있는 행복한 동물마을로 만들었지요.

이처럼 남에게 어떤 도움을 주는 일은 훗날 자신이 어려움에 처했을 때 받을 수 있는 도움을 적립하는 것과 같습니다. 슬픔은 나누면 반으로 줄어들고, 기쁨은 나누면 두 배로 늘어나게 되는 것이지요.

● 여기서 잠깐!

기부(寄附)란 어떤 일을 도울 목적으로 재물을 내어 놓는 것을 말합니다. 이러한 기부는 특히 고아, 장애인 및 빈곤 학생, 혼자 사는 노인 등 스스로 경제문제를 해결하기 어려운 사람들에게 큰 도움을 줄 수 있지요. 그래서 대한적십자사 등에서는 사랑의 바자회를 열어 거기서 얻은 모금액으로 어려운 이들을 돕기도 합니다.

 쉽게 읽는 경제학

사람들은 왜 자신이 베푼 것에 대해 전혀 되돌려 받지 못하는 기부를 할까요? 경제에서는 최소비용으로 최대수익을 얻는 것이 합리적이라는데, 그렇게 보면 기부란 비합리적인 일이 아닐까요?

네, 물론 그렇게 생각할 수 있습니다. 하지만 기부란 자신에게는 손해고, 다른 사람에게는 이익만을 주는 그런 것이 아니에요. 어떤 면에서 기부야말로 자신의 이익을 추구하는 일이라 할 수 있지요. 그러면 기부를 통해 얻을 수 있는 이득에는 어떤 것들이 있을까요?

첫째, 우리는 기부행위를 통해 기쁨이라는 효용(만족)을 얻습니다.

기부를 함으로써 기부자는 자신이 좋은 일을 했다는 생각을 하게 되며, 감사와 칭찬이라는 형태의 보답을 받게 되지요. 또한 기부행위를 통해 자신의 처지에 대해 감사하는 마음을 갖게 됩니다. 이처럼 기부는 기부를 할 때 드는 비용보다 더 큰 만족감을 사람들에게 줍니다. 그래서 사람들은 기꺼이 기부에 동참하는 것이지요.

둘째, 기부행위는 집단적인 보험으로서의 성격을 갖습니다. 지금은 상황이 좋아서 다른 사람들을 돕는 위치에 있지만 살다보면 자신 역시 어려움에 처해 다른 사람들의 도움을 받아야 할 때가 올 수 있지요. 결국 다른 사람을 돕는 기부란 언젠가 힘든 시기에 대비한 일종의 보험일 수도 있습니다.

그런데도 많은 사람들은 기부를 할 때 망설입니다. 그 이유는 무엇일까요? 그것은 어렵게 결심하여 기부한 돈이 과연 제대로 쓰이는지에 대한 의심 때문입니다. 때때로 신문이나 뉴스에서는 기부금을 모은 사람이나 단체가 기부금을 가지고 어려운 사람을 돕는 대신 그들 자신의 이익을 채운 사례를 보도하기도 합니다. 그러므로 사회 내에서 기부행위가 원활히 이루어지려면 기부금을 모은 개인이나 단체가 구체적으로 어디에, 어떤 용도로 지출했는지 투명하게 밝혀야겠지요.

> 친구가 어려울 때 돕는 것도 '기부'라 할 수 있지

또 사람들이 기부를 꺼리는 이유는 기부금을 받는 사람의 자립심이 꺾이지 않을까 걱정하기 때문입니다. 스스로 노력하면 어느 정도 어려움을 이겨낼 수 있음에도 불구하고, 다른 사람이 주는 기부금에 의존하는 상황은 옳지 않으니까요. 따라서 기부가 아무리 긍정적인 의미를 가진다고 해서 지나치게 하는 것은 좋은 일이 아닐 수 있습니다.

자, 이제 기부가 어떤 경제적 의미를 가지고 있는지 잘 알았지요? 용돈을 쪼개 이웃사랑을 실천하는 것은 더불어 사는 세상임을 일깨우는 소중한 체험입니다. 그러니 이번 기회에 저축통장과 함께 이웃사랑 실천 통장을 만들어 남을 위한 돈을 조금씩 모아 보면 어떨까요?

빌 게이츠가 남긴 '기부의 미학'

여러분도 잘 알다시피 빌게이츠는 컴퓨터 소프트웨어 업체로서 세계 최고라 할 수 있는 마이크로소프트라는 회사의 회장입니다. 그는 1955년에 태어나 13살 때 처음 컴퓨터를 접한 이후 컴퓨터 프로그래밍에 흥미를 갖게 되었다고 합니다. 후에 하버드 대학에 입학했으나 사신이 구상한 사업을 시작하기 위해 학교를 그만두었습니다. 그는 앞으로 개인용 컴퓨터의 시대가 올 것을 예측하고, 컴퓨터용 소프트웨어를 개발하기 시작했습니다. 소비자가 원하는 것을 파악하여 그에 맞는 품질 좋은 물건을 판매한다는 경제원리를 실천했던 것이지요.

현재 세계에서 손꼽히는 부자로도 알려져 있는 빌 게이츠는 기부활동도 열심히 하고 있답니다. 이처럼 한 분야에서 뛰어난 성공을 거두는 동시에 어려운 처지의 사람들을 돕는 그의 모습은 여러 사람의 존경을 받고 있지요. 그러면 뛰어난 경제 마인드를 가진 것으로 알려진 빌 게이츠의 편지를 읽으면서 그의 기부 철학을 알아보도록 합시다.

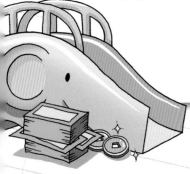

사회복지공동모금회 사무총장님께

지역사회 공동체의 발전을 위해 활동하는 비영리기관들을 지원하는 일은 저의 삶에서, 그리고 마이크로소프트 설립 이후 기업 문화에서도 중요한 부분이었습니다. 저의 어머니는 제가 아주 어릴 적부터 미국 공동모금회(United Way)에 적극적으로 참여해왔고, 그 후 세계 공동모금회(United Way International)의 회장을 역임하기도 했습니다. 30여 년 전 마이크로소프트가 처음으로 공동모금 캠페인에 참여했던 것도 어머니의 격려 덕분이었습니다.

미국 공동모금회(United Way)와 같이 지역사회를 위해 노력하는 비영리기관들을 폭넓게 지원해 온 것을 보면 그간 마이크로소프트가 사회를 위해 어떤 생각을 가지고 있는 기업인지 알 수 있을 것입니다. 저는 우리가 사는 지역사회를 보다 긍정적으로 변화시키는 데 마이크로소프트가 함께했다는 것을 자랑스럽게 생각합니다. 마이크로소프트는 기업 기부가 지역사회에서 사회적 또는 경제적 기회를 촉진하는 데 매우 중요한 역할을 한다고 믿고 있습니다. 현재 한국에서도 사회복지공동모금회가 기업들이 지역사회에서 더욱 큰 기여를 할 수 있도록 도와주는 중요한 역할을 한다고 들었습니다.

세계 공동모금회의 회원으로서 한국 사회복지공동모금회가 기업의 기부문화를 확산하는 데 선도적인 노력을 하고 있는 것에 대하여 성원을 보냅니다. 최근 수십 년 동안 한국은 놀랄 만한 경제적 성장을 이루어왔습니다. 저는 경제적 성공은 지역사회를 긍정적으로 발전시키는 데 대한 책임도 뒤따라야 한다고 믿고 있습니다. 기업 혹은 정부나 공공기관이 혼자의 힘만으로 우리 모두가 직면하고 있는 어려운 문제들을 해결할 수는 없습니다. 하지만 우

6

리의 시간과 지식, 재원으로 서로 함께 노력한다면 우리 지역사회와 전 세계에 실제적이고

지속적인 성과를 이루어 낼 수 있을 것입니다. 감사합니다. (번역 : 사회복지공동모금회)

2008. 5. 4.

마이크로소프트 회장 빌 게이츠

기부행위에 대한 내용 중 틀린 것은?

❶ 기부행위는 자신의 이익추구행위가 아니다.

❷ 기부행위를 통해 사람들은 기쁨이라는 이득을 얻을 수 있다.

❸ 기부행위를 통해 사람들은 자신이 그 사람보다 나은 형편에
   있음을 감사하게 생각한다.

❹ 기부행위는 집단적인 보험으로서의 성격도 갖는다.

해설: 정답은 ❶번 입니다. ❷, ❸, ❹번에 나와 있듯이 기부행위는 우리에게
많은 이익을 줍니다. 따라서 기부행위야말로 진정한 이익추구행위이자, 합리
적인 경제활동이라 할 수 있지요.

김상규

현재 대구교육대학교 사회교육과 교수(경제학 박사)로 재직 중이며, 한국개발연구원(KDI)경제모니터전문가위원, 한국경제교육학회 부회장을 맡고 있습니다. 2006년에는 미국 위스콘신대학교 경제교육연구소의 교환교수로 다녀왔으며, 삼성전자 '주니어 경제캠프'를 오랫동안 지도하고 있습니다.

어린이들에게 경제를 쉽고 재미나게 가르쳐주시는 것으로 유명해서 〈소년한국일보〉에 '동화로 배우는 경제'를 3년간 연재하였으며, 현재는 〈어린이 경제신문〉에 '속담 경제'를 매주 연재하고 있으세요. 뿐만 아니라 〈중앙일보〉의 '틴틴경제' 및 EBS TV, '경제드라마－동그라미 가족'의 자문교수를 역임하였습니다.

주요 저서로는 《속담으로 풀어보는 이야기 경제학》, 《만약에 경제활동을 하지 않았다면?》, 《어린이 경제 스쿨》, 《한걸음씩 배우는 경제》, 《어린이 경제사전》, 《생활 속의 경제학》 등이 있습니다.

한언의 사명선언문

Since 3rd day of January, 1998

Our Mission ─· 우리는 새로운 지식을 창출, 전파하여 전 인류가 이를 공유케 함으로써 인류문화의 발전과 행복에 이바지한다.

─· 우리는 끊임없이 학습하는 조직으로서 자신과 조직의 발전을 위해 쉼없이 노력하며, 궁극적으로는 세계적 컨텐츠 그룹을 지향한다.

─· 우리는 정신적, 물질적으로 최고 수준의 복지를 실현하기 위해 노력하며, 명실공히 초일류 사원들의 집합체로서 부끄럼없이 행동한다.

Our Vision 한언은 컨텐츠 기업의 선도적 성공모델이 된다.

저희 한언인들은 위와 같은 사명을 항상 가슴 속에 간직하고
좋은 책을 만들기 위해 최선을 다하고 있습니다.
독자 여러분의 아낌없는 충고와 격려를 부탁드립니다.
· 한언 가족 ·

HanEon's Mission statement

Our Mission ─· We create and broadcast new knowledge for the advancement and happiness of the whole human race.

─· We do our best to improve ourselves and the organization, with the ultimate goal of striving to be the best content group in the world.

─· We try to realize the highest quality of welfare system in both mental and physical ways and we behave in a manner that reflects our mission as proud members of HanEon Community.

Our Vision HanEon will be the leading Success Model of the content group.